深度分销

掌控渠道价值链

施炜◎著

图书在版编目（CIP）数据

深度分销：掌控渠道价值链/施炜著. —北京：企业管理出版社，2018. 9
ISBN 978-7-5164-1734-8

Ⅰ. ①深…　Ⅱ. ①施…　Ⅲ. ①分销－营销渠道－企业管理－营销管理－经验－中国
Ⅳ. ①F279. 23

中国版本图书馆 CIP 数据核字（2018）第 129766 号

书　　名：深度分销：掌控渠道价值链
作　　者：施　炜
责任编辑：张　平　程静涵
书　　号：ISBN 978-7-5164-1734-8
出版发行：企业管理出版社
地　　址：北京市海淀区紫竹院南路 17 号　邮编：100048
网　　址：http：//www. emph. cn
电　　话：编辑部（010）68701638　发行部（010）68701816
电子信箱：qyglcbs@ emph. cn
印　　刷：北京旭丰源印刷技术有限公司
经　　销：新华书店
规　　格：160 毫米×230 毫米　16 开本　18. 75 印张　230 千字
版　　次：2018 年 9 月第 1 版　　2018 年 9 月第 1 次印刷
定　　价：88. 00 元

导读

深度分销是我国企业根据中国市场特点创造的一种营销策略和市场运作模式。实践证明，它是推动销售迅速提升、构建市场竞争壁垒的有效武器。目前，我国消费品领域的领导品牌，大部分都是依托深度分销发展起来的。

近年来，随着电子商务的发展，深度分销似乎已经过时。在喧嚣的舆论世界里，它无疑被边缘化了。互联网电子商务巨头们挟资本之利，以低价收割流量，击破制造商（品牌商）原有的价值均衡，造成社会零售版图上的份额快速提升。但当潮水逐渐退去，不难发现，在互联网电子商务虚拟空间里，并没有孕育出多少深得消费者认可的领先品牌，反而有些依托线下渠道及传播网络的品牌，却取得了巨大的成功。事实很简单，直至今日，大部分消费品线下销售的比重依然在70%以上。

令人诧异的是，有些品牌丢弃了占70%市场容量的优势领域，用低价把流量引到线上。有些朋友认为，线上流量源于年轻顾客，它们代表未来。但问题是，失去了当下的流量，连生存都成问题，还有未来的机会吗？有的朋友认为，线上流量具有大数据属性，有利于认知、了解顾客的特征。实际上，没有什么数据比面对面接触顾客获取的数据（信息）更真切、更丰富的了。好比年轻人谈恋爱，花前月下的依偎，难道不比线上隔空抒情更有意思？

当然，我不会否定电子商务的功能、作用，也不会否认线上数据流的价值。未来的营销模式必然是全域媒体、立体渠道。深度分销是一个开放系统，它从起初的零售终端理货、零售网点布局，到后来的商流、物流、信息流合理组合，流通链条上利益均衡分布，厂商一体化管理，直到现在的顾客所在现场掘流、线上线下相互引流……一直在演进变化，不停地回应各种挑战和问题。深度分销当然不是适用于所有市场环境的灵丹妙药。但是，在互联网时代，它仍然具有强劲的生命力，这恐怕是没有疑义的。近年来，国内某些品牌，将深度分销移植到国外市场，尤其是人口密集的东南亚、南亚市场及非洲市场，取得了令人瞩目的成绩。这说明，深度分销能够超越国界，有一定的普适性。可以说，深度分销是我国企业对世界营销的独特贡献。

有的朋友认为，深度分销是以渠道为中心的营销模式，其理念已经陈旧。深度分销发轫之初，的确将渠道因素放在重要的地位。但目前它的核心理念是贴近顾客，以顾客为中心。所谓“深度”强调植根市场，精耕细作（市场运作做得深、做得细）；这也意味着注重市场生态的培育。一份耕耘，一份收获；种瓜得瓜，种豆得豆，是对深度分销理念的准确概括。还有朋友认为，深度分销是人海战术，关键在于执行。这固然有一定道理。但是，“深度”首先是指深度思考和深度谋划，把市场特征看清楚，将操作方法想明白。执行固然重要，但知在行前，知行合一，才是深度分销的精髓。随着互联网技术的发展，营销人员和团队管理的效率将有所提高，会在一定程度上缓解营销团队人员规模的压力。但是，有一点在此强调，欲想在中国多层次市场上获取成功，没有人是万万不能的。

深度分销不是某个企业、某个人发明的，它是许多企业不约而同的选择。20 多年前，作为营销咨询领域的新人，我就有幸参与了一些著名企业深度分销的实践。作为深度分销的倡导者、推动者和亲历者，对其进行总结和分析，是一种历史责任；同时也是个人生命历程的记录。当然，揭示、概括深度分销的原理、策略框架和操作方法，最重要的意义还是在于向国内企业提供借鉴。

说明：书中不少地方出现了顾客、用户、消费者等概念。顾客通常是指企业交易的对象。在大多数情况下，顾客和用户是合一的。但是，互联网商业模式下，有时用户并不是付费者，也就不是企业交易的对象。这样一来，顾客和用户的含义有了差别。书中绝大多数情形下，顾客和用户是同一个意思；但偶尔也会根据实际情况两者并用。消费者是社会视角下的消费品使用者。本书在宏观分析市场形势时，才会使用消费者一词。

第一篇　流通价值链

第二篇　流通模式的选择

第三篇 渠道策略与渠道管理

第四篇　零售终端管理

第五篇 深度分销的成功实践

第六篇 营销团队建设

后 记

第一篇

流通价值链

第一章

Chapter 1

什么是流通价值链

流通价值链的含义

理解渠道策略和渠道管理问题，需以流通价值链为基础和前提。

“流通”一词，有广义、狭义多种解释。广义的流通，泛指一切商品和货币的买卖、交易和交换；狭义的流通，则是指商品从生产领域（制造者）向消费领域（使用者/用户）的运动，亦即生产和消费之间的中介和桥梁。本章对流通概念取其狭义。

流通价值链以流通为中心，包含生产、流通、消费多个环节，环环相扣，呈链接状（见图 1 - 1）。其中，流通环节又可分解为分销（狭义的“分销”和“批发”含义接近）、零售等具体形态。从更广的角度看，流通价值链涉及为其提供支撑和服务的金融体系、物流体系、通信及信息服务体系等。流通价值链具有运动属性，是商品价值实现的过程；经过流通价值链的运行，商品完成“惊险一跃”，从生产者转移至消费者（使用者）。

分析流通价值链，有宏观、微观两个角度。前者考察全社会

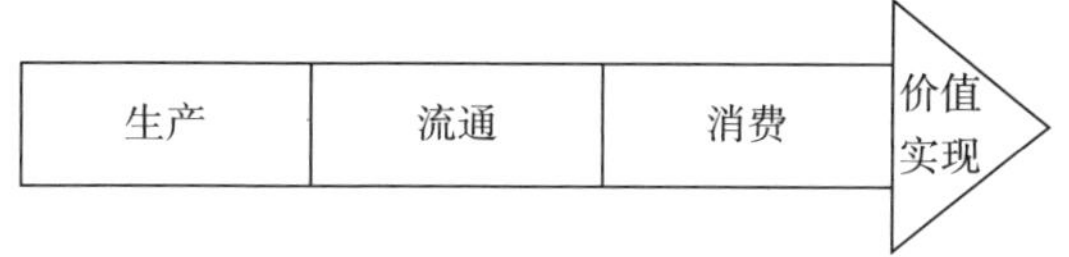

图1-1 流通价值链

范围内流通价值链的组合、特征、变化以及趋势，流通生态的演变、优化，以及流通系统和其他社会经济系统（如制造、消费、物流、金融、信息、政府部门等）的相互关系；这是产业角度和整体市场角度的分析。后者从流通价值链上相关主体（如制造商、流通商乃至消费者）的角度，探讨如何优化流通（渠道）价值链的结构，提高流通价值链的运行效率。本书主要是从后一个角度即微观角度去分析。

流通价值链上的经营形态

在一个完整的流通价值链上，存在制造、分销、零售多种经营形态（见图1-2）。

图1-2 流通价值链上的经营形态

在诸经营形态中，制造、零售均不需要专门解释。而分销概念由于国内各行业的定义相差较大，有必要详细解说。“分销”（Distribution）一词，是我国改革开放以来引进的新概念，在计划经济时代很少使用。广义来说，分销和流通含义大致相同，均指商品从生产领域向消费领域转移；因此广义的分销既包括了批发，也包括了零售，即所有的商品销售。而物流——通过提供位置移动服务而收取服务费，由于不涉及商品交易通常从分销中抽离、独立出来。当然，相当多的分销企业包含物流功能，但物流企业却未必是分销企业。在现实经济活动中，分销企业和物流企业存在交集。但在理论上，分销是分销，物流是物流。

广义的分销，立足于“销”字；而狭义的分销，立足于“分”字，即强调将商品分别销售至各个零售渠道。这与我国计划经济时代“批发”的意思基本相同。仔细辨析字义，“批发”意在纵向地将商品向下发送，而“分销”则有横向分散化的含义。我国电脑、手机制造商所使用的“分销”，是狭义的分销，基本上与国际惯例接轨。而在家具、建材、白色家电、服装等广泛的销售领域，均按“分销”的中文字面之义，将其定义为面向消费者分别销售的零售。在此提醒读者朋友，本书涉及的“分销”，均是指与“批发”含义相近的狭义分销。

需要指出的是，流通价值链上的零售，不仅仅指线下有形商场、店铺的零售，也包括线上电子商务形态的零售，以及微商等社群形态的零售。

流通价值链上的运动要素

流通价值链是有运动方向的。从上游（制造商）至下游（消费者），存在促使商品价值实现的“推力”：制造商给予渠道（分销商、零售商）压力，而渠道有将商品转移至消费者的驱动力。而从下游（消费者）至上游（制造商），则存在消费者主动要求商品价值实现的“拉力”，即消费者源于自身需求和对商品价值认同的力量。“推力”和“拉力”的统一，使流通价值链不断生成功能、产生价值。

如果把流通价值链比作轨道，在上面运行的要素主要有商流、物流和信息流。其中，商流是核心，其内容是交易活动和行为。它由两个运动方向相反的“子流”组成：一是自上游至下游的商品所有权（无形的权利）的流动（不能笼统地称为商品的流动，这样容易与物流混同。尤其当商流、物流相分离时，这种区分就更为重要），二是自下游至上游的资金流动，即商品销售的货款回流。

商流、物流、信息流中，物流（商品物质形态的空间移动）是商流顺畅的支撑和保证。总的来说，物流跟随商流，受商流的牵引。但为了提升商品转移（既包括商品所有权转移，也包括商品物质形态的转移）的速度和效率，商流、物流可以相互分离，可以有多种组合方式。所谓“分离”，一方面指物流的网络、结构、路径与商流可以不一致，物流方案可依据考量空间半径、运输条件、运送周期、配送时间地点要求、商品安全需要、费用限制等因素合理设计和安排；二是指物流、商流的经营主体不一致，即引入了商品交易双方之外的第三方物流主体（机构）。

与商流、物流相比，流通价值链上的信息流更具基础和平台属性，是商流、物流有效运行的前提。从内容上说，信息流也包括“下行”和“上行”两个子流：“上行”信息主要包括消费者（使用者）的需求信息，下级渠道向上级渠道的订货及回款信息，以及渠道向上游制造商（供应商）的订货及回款信息；“下行”信息主要包括渠道对消费者（使用者）的销售信息，各层级渠道的“进、销、存”（进货、销售、存货）信息，上游制造商（供应商）向下游渠道的销售信息以及自身的存货信息和生产信息等。就信息流的特征而言，整个流通价值链的信息流应具有一致性（上下游信息系统“无缝”对接，相互兼容，标准相同）、共享性（重要信息彼此开放共享）和即时性（信息一旦产生和流动，即可发现和使用）。

近年来，流通价值链变化的主要影响因素是信息流的互联网化。互联网的发展不仅使流通价值链上的流通形态更加丰富（出现了 BtoB、BtoC、CtoC 等多种电子商务），而且使上游制造商的渠道模式更加复杂和立体；同时，在互联网的作用下，流动价值链的运动方式从以往的“推动式”逐步变成了“拉动式”，流通价值链上各类主体之间的分工也更加深化。

流通价值链的演变趋势

流通价值链是整个市场系统的有机组成部分：一方面，它受外部大环境的影响而不断发生变化；另一方面，其演变也有内在的机理和逻辑，并且影响着外部环境。从较长远的角度看，流通价值链的演变呈现出以下方向和趋势。

第一，流通环节减少，渠道结构扁平化。有人云，世界是“平”的，流通价值链也越来越“平”。传统的多层级分销，在国内市场已不多见；而电子商务的兴起，则使生产者和消费者（使用者）的对接变得直接、顺畅。交通、通信、互联网等基础设施的建设和完善，为流通价值链扁平化创造了条件。总的来说，交易成本（从买方角度看，即商品价格之外的全部付出）降低，消费者（使用者）权利意识的增强和地位的提升，社会流通体系效率、速度的提高，既是流通价值链扁平化的结果，同时也是流通价值链持续扁平化的内在动力。

第二，商流、物流、信息流运动速度趋快，这是消费者（使用者）需求变化速度加快的产物，同时也是制造及渠道领域竞争更加激烈、各竞争主体奋力追求竞争优势所造成的。和流通价值链扁平化一样，这也得益于交通、通信、互联网等基础设施的交互式发展。流通价值链运动速度（在制造商和渠道商的财务报表上以“库存周转速度”“应收账款周转速度”等指标来表达和衡量）的持续提升，源于消费品领域的营销战略、渠道模式乃至商业模式的创新，同时也引发相关行业内部竞争格局的变化。一些跟不上流通价值链运动速度的企业，将会在“生产—流通—消费”的快速循环中被“甩出去”。以服装行业为例，ZARA 等国外休闲服装品牌进入中国市场后，其“快时尚”的运作模式，给国内同类产品企业带来巨大压力。

第三，流通模式趋于多样化。首先，在社会结构复杂化、消费者群体细分化的牵引下，各种商业形态及零售业态在不断细分和创新。以线下零售业为例，近几十年来，我国从以传统百货公司为主的第一业态结构，演变为便利店、超市、超市型百货公司、百货公司、专卖店、专卖店集合（超级商店和大型购物中心）等多种业态共同存在的复杂格局。其次，随着全社会交通物流体系、通信及互联网服务体系、金融服务体系的发展，上游制造商（供应商）与下游渠道商以及消费者（使用者）之间的组合方式也多样化了，直销、分销、直供、半直销、半分销、半直供等多种流通模式并存，立体式、复合式流通模式和通路结构越来越成为主流。这两方面结合起来，一幅复杂的流通模式图景出现在我们面前：它是如此的斑斓复杂，又是如此的动态和不确定。对流通价值链上的大部分参与者来说，既是竞争制胜的机会，也是殊难驾驭的挑战。

第四，上下游一体化程度加深。既然是“价值链”，客观上就蕴含着链接越来越稳固紧密，衔接越来越顺畅（即所谓的“无缝对接”），促使商品价值实现的合力越来越强劲的内在要求。上下游一体化程度加深，主要体现在三个方面：一是厂商之间、商商之间形成规范化、多样化的对接机制，包括产权机制（厂商双向参股）、组织机制（如共组团队、共建组织平台等）、流程机制和信息机制，保证流通价值链运行时上下游相互融入、协同作业。二是厂商之间、商商之间合作规则朝“重复博弈”（长期合作）、双赢共享、减少交易成本方面演进，使双方合作关系摆脱“零和博弈”的困扰，更加规范、稳定和密切。三是在重大市场活动、营销事件尤其是区域市场的开发上，上下游若干环节共同组织、统一指挥、相互配合、协同行动。

第五，流通价值链上各环节的利益分配趋于均衡（参见第二章）。不均衡主要有两种表现：一是通路价值链断裂，即上游商品制造者利益份额较大，而下游渠道利益偏少，毛利偏低，影响渠道的销售意愿，制约渠道服务能力、服务水平以及通路价值的提升。二是需求受到抑制，即渠道（包括分销和零售商，尤其是指零售商）利益份额较大，毛利较高，从而导致商品价格较高，对需求产生负向作用。还有一种需求受到抑制的情形是，由于渠道（主要是零售商）相对制造商而言，更加强势、话语权更大，挤压和切分制造商利益，致使制造商不断降低产品成本和品质，产品的内在价值和附加值不能提升，从而不能满足部分消费者对产品价值和品质的要求。

利益分布不均衡的主要原因在于上下游环节的谈判地位和话语权不同。而这背后，涉及上下游各环节不同的集中度——垄断程度高的一方通常能切分较多利益（比如家电产业链上的天猫、京东，药品产业链上的大型医院），也涉及上下游各环节之间的信息对称性——通常掌握用户信息的一方更加主动。以下是对驱动、促使、推动流通价值链上利益结构均衡化的主要因素的分析。

第一，上下游各环节博弈时处于弱势的一方，通过调整竞争策略、改善和提升竞争能力、提高业内组织化程度和集中度、构建业内战略联盟等方式和手段，努力改变不利地位、提升话语权。

第二，上下游各环节博弈时处于强势的一方，总会有企业（通常是挑战者或试图“破坏性创新”者）以“不均衡”为契机，通过改变利益在上下游的分布——这常常意味着商业模式的创新——来获取市场机会和竞争优势，并改变业内的竞争格局。

第三，上下游服务环节中的新进入者和替代者有可能改变其所在环节的行业集中度和利益格局，使流通价值链上的利益分布出现变化。例如，大量的汽车美容检修企业（属于汽车后市场）兴起后，对传统的汽车品牌4S店在汽车保养服务方面的垄断地位造成冲击，在一定程度上改变了汽车润滑油、轮胎等产品的附加值分布，对这些产品的制造商、供应商是有利的。

总的来说，流通价值链上利益结构的均衡化，是竞争深化的体现，往往也是行业生命周期进入成熟期的标志。

流通价值链的竞争

企业与企业之间的竞争，可以说是一条价值链与另一条价值链之间的竞争。而企业流通价值链（即渠道链），作为整体价值链的重要组成部分，在一定的市场环境下，有可能成为企业竞争的焦点和关键环节。

以彩电企业为例，中国品牌与外国品牌竞争的过程中，之所以在销售规模和市场份额上逐步超越了对方，一个重要原因在于渠道链（尤其是三、四级市场）的优势。而外资彩电品牌在中国市场业绩的增长长期受制于中国特有的渠道环境。众所周知，我国是一个从现代化都市到边远乡村的多层级立体市场，这使得渠道层次多且分散度高；加上市场经济的发育和成长处于初级阶段，许多渠道企业的经营规模小、经营素质较低。面对这样一个与国外成熟市场迥异的渠道环境，外资彩电品牌很难突破和驾驭——既有销售组织、团队及管理上的难题，也有文化上的陌生和冲突。由于中国市场缺乏能和外资彩电品牌对接的高效率通路体系，因此渠道能力成了其短板，尤其制约它们进入通路结构复杂的农村市场。与此恰恰相反，复杂的通路环境是国产彩电品牌“鱼在水，鸟在林，自由来往”的广阔天地；而“以农村包围城市”的竞争策略，也就有了依据（外资品牌进不去）和坚实的保障（与通道结盟）。正因为如此，国内彩电企业才会创造出“设郡县”（重视县级市场，以“县”为市场运作及管理的空间单位）、“多产粮”（小区域内精耕细作）、“高筑墙”（维护市场秩序，保障相对封闭的区域市场内的渠道利益）的营销模式（这个9字策略，源于笔者1998年为TCL销售公司撰写的咨询报告《广阔天地里的精耕细作》），才会产生数以万计的销售人员重心下移、掌控终端的深度分销奇观。

随着现代家电连锁零售业态以及电子商务的崛起，我国市场的渠道环境已发生重大变化。连锁业态、电子商务的出现和扩张，很大程度上为外资彩电品牌解决了渠道效率问题。同时，随着连锁业态和电子商务向中小城市乃至城镇的延伸、渗透，长期困扰外资彩电品牌的农村市场（包括县城市场）难题得到一定的缓解。由于外资彩电品牌在同等品质、性能条件下相对于国产彩电品牌有一定的品牌溢价（售价高一些），相应地产品毛利空间往往更大，给予零售环节的回报有可能更高，因此受到部分连锁零售和电子商务企业的青睐。此外，部分外资彩电品牌急于扩大份额，采取了比国产彩电品牌更为激进的价格策略，也迎合了一些连锁零售和电子商务企业价格竞争的愿望，为它们提供了求之不得的激活市场的武器。需要指出的是，某些外资彩电品牌对线上零售价格缺乏管理，甚至被电子商务寡头拖进价格战的泥淖，破坏了整体通路生态，总体上是得不偿失的；同时，也使销售更加依赖于少数寡头。

渠道环境的变化对国产彩电品牌产生了以下三个方面的不利影响：一是利益受到连锁零售和电子商务业态的冲击；二是农村市场（三、四级市场）的优势被削弱；三是给予传统渠道的盈利空间由于连锁零售和电子商务业态的价格冲击而受到侵蚀，保护传统渠道资源的难度增加。在新的渠道环境下，国产彩电品牌一方面利用自身的市场地位优势（行业充分整合之后寡头竞争格局已经形成）与连锁零售及电子商务寡头构建新型合作关系——平等、均衡、长期、双赢，另一方面将传统渠道作为和外资品牌竞争的防御屏障——以往传统渠道是国产彩电品牌主要的市场“圈地”手段，现在则应让位于产品。所谓传统渠道，即区域性的中小型经销商以及非连锁业态的中小型零售商。它们虽然相比于连锁及电子商务属于弱势流通形态，但在可预见的未来依然具有一定的生命力。中国市场的渠道生态变化是渐进而非突变型的。从时间上度量，现有三、四级市场传统渠道占优势的营销环境还可能会延续相当长的一段时间；从空间上考量，变化是由点到面，由发达地区到不发达地区，由一、二级城市向三、四级城市逐步展开的。因此，本土彩电企业通过与经销商、零售商结成利益共同体，通过垂直可控的流通链与外资彩电品牌相抗衡，还是行之有效的。这就要求国内彩电企业在销售政策、市场资源投入等方面注重不同业态之间的平衡，花更大的气力帮助、辅导广大基层经销商。这样做，同时意味着对农村市场的保护。近来，创维等许多国产品牌在这方面做了大量的工作。

流通价值链之间的竞争，不仅发生在企业之间，而且也往往发生在具有替代关系的行业之间。近年来，我国家庭装修市场上，两种具有一定替代关系的产品——地板（包括实木地板、实木复合地板、强化地板等）和瓷砖（又称地砖）出现了此消彼长的趋势：铺地砖的面积比例越来越高。按理论，地板产品（尤其是工业化的复合、强化类产品）具有便宜、环保、便于施工和拆装等优点，何故抵挡不过瓷砖的竞争呢？原因是多方面的。我国瓷砖企业的产品创新近年来整体上有重大突破（如仿古砖、仿大理石砖、微晶石砖、仿木纹砖等），尤其是产品的审美价值有了显著提升，从而拓展了产品的价格空间（一些高端产品的市场零售价已达到甚至超过大理石和实木地板）。在此背景下，瓷砖经销商（主要指零售商）的毛利空间要高于地板。这不仅有利于经销商销售意愿的提升，也有利于吸引实力、能力较强的经销商进入瓷砖零售行业，有助于瓷砖经销商做强做大。由于利益机制强劲，厂商之间的配合、协同会更加紧密，厂家对渠道的影响力和控制力也会增强，从而提高渠道链的张力。此外，装修公司和设计师——它们通常被称作隐性渠道——也更乐于向消费者推荐瓷砖产品，因为其设计含量和价值更大、可能获取的佣金更多、施工费用更高（按照行业惯例，瓷砖的铺设费用不在产品价格之内，归入装修公司的施工报价，而地板的铺设费用则与产品价格打包在一起，施工也由零售商负责)。

面对流通价值链竞争的不利局面，地板企业目前已开始了经营战略转型：不再热衷于规模竞争和价格竞争，而是着力在环保、审美等维度上提高产品的价值，进一步挖掘产品的功能，延展产品的适用情境（如开发适合于我国北方地区室内“地热”供暖的实木复合产品，开发长宽规格较大的“大板”，将其用于墙面装饰等)。同时借助于附加值较高的新产品，适度调整厂商之间的利益结构，使经销商以及家装公司、设计师有更强的销售、推广愿望。随着商品房中精装修房比例的提高，产品价格实惠、施工更为方便的地板产品在地面铺设面积中的比例将会有所提升。但困扰地板企业的新问题是：面对强势的房地产企业话语权较弱，利润空间受到严重挤压，甚至出现全行业普遍不盈利的现象。

第二章

Chapter 2

均衡生成合力：流通价值链上的利益分布

几种不合理的利益分配

制造商、分销商（代理/经销商）、零售商、用户共同组成了流通价值链。在这根链条上，各主体之间存在着利益上的“统一对立”关系，它要求制造商必须通过价格、返利等手段，合理有效地管理链上各主体的利益分布，均衡各主体的利益，使流通价值链产生持续不断的合力。

利益均衡，意味着价值链各主体均有积极的合作意愿，整体效能最大化。由于所处行业与市场差异巨大，均衡的标准也大大不同。作为一个因时而变的概念，制造商要在营销中动态调控“均衡”。下面，我们通过案例，看看有哪些利益不均衡的情形：

第一种情形：“中间”断裂。

20 世纪 90 年代后期，在国内手机市场上，诺基亚、摩托罗拉等国外品牌一直处于领先地位。但在 2003 年前后却遭受国产手机品牌的强烈冲击（这是国产手机品牌的第一次崛起）。原因之一在于其流通价值链的利益分布曲线不合理（见图 2 - 1）。

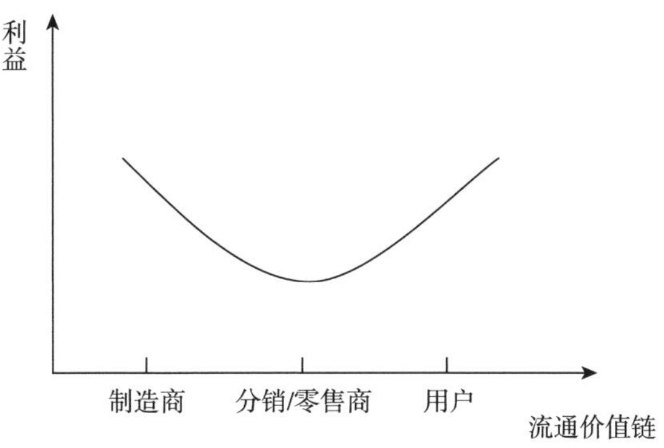

图 2-1 "中间"断裂型利益分布曲线

当时，诺基亚、摩托罗拉等外资手机品牌采取大分销（即全国性代理）模式，对渠道体系和市场秩序缺乏深度管理，加之追求市场份额和规模，铺货面较宽，导致渠道（分销/零售商）利润低下。在如此利益格局下，流通价值链尚能运行而不至于断裂，取决于两个条件：一是产品性价比几乎独步天下，用户价值得到尊重和保证，产品的指认购买率极高，用户坚决要买，渠道不得不卖；二是渠道没有替代产品可选择。但当国产手机品牌进入市场后，这两个条件便发生了变化。部分国产手机品牌采取了和诺基亚、摩托罗拉不同的利益分布曲线，给予渠道更大的利润空间，有效地激发了渠道的销售意愿；依靠渠道推力，迅速抢占市场份额（其时国产手机品牌总市场份额最高曾达 50% 左右）。但隐忧是在用户价值方面缺乏真正的优势。可惜的是，一些国产手机品牌一方面在用户价值上止步不前，缺少切中用户需求核心的价值创新，另一方面急于求成，向渠道压货严重，当走货不畅时，渠道利益受到影响。在利益分布上失去了竞争优势的国产手机品牌，从 2004 年开始进入了漫长、艰难的调整期。大约 10 年之后，以华为、OPPO、vivo、小米为代表的国产手机品牌第二次崛起——这次是真正的崛起，重要原因在于注重了产品力和渠道力的平衡，对于渠道利益给予了一定程度的重视和保证。

第二种情形：需求抑制。

从全社会角度看，在以往相当长的时间内，流通价值链上利益分布最不合理的行业可能莫过于药品业了（见图2－2）。国内一些制药厂家，由于缺乏原创能力和差异化产品，面对特殊的渠道形态——处于垄断地位的医院和医生，根本无法平等对话，只能采用加大产品毛利、提高销售费用、进行“公关”营销的手段；而在一些缺乏产品竞争力的制药厂家看来，这恰恰是市场渗透的机会。医院在药品进价已经偏高（尤其是“普药”之外的新、特药）的情况下，利用垄断地位以及与患者的信息不对称，“以药养医”，将某一些药品以令人难以置信的高价提供给了用户，使用户利益严重受损，令行业需求受到抑制。

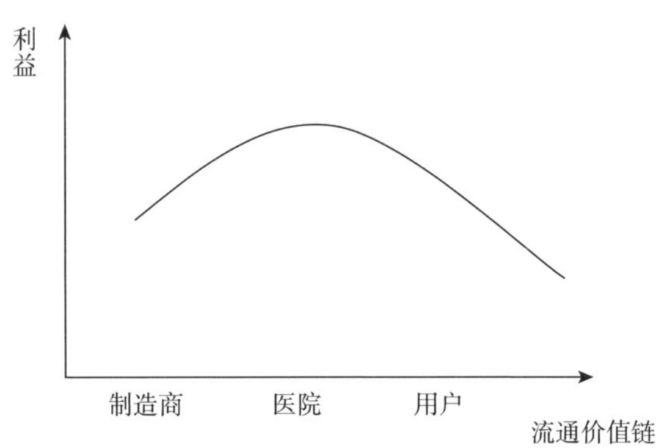

图2－2　需求抑制型利益分布曲线

对于绝大多数产品具有替代性的制药企业而言，改变以上利益分布曲线相当困难。近年来，药品管理体制发生了重大的变化：招标投标、两票制、医药分离……在一定程度上抑制和改变了药价畸高的局面。但是，只要医院垄断、医患之间信息不对称的状况不改变，即便医药分离，也很难真正改变流通价值链上的利益分布（医院总有各种获取利益的途径）。制药企业在期待医疗体制进一步变革的同时，可以加大医院之外零售市场的开拓（在药品总销售量中，未来社会零售药店的比重将会提升）；同时，采取先进的营销模式，借助于互联网和广大用户发生直接的关系，提高市场推力。

第三种情形：挤逼上游。

在相当长的一段时间内，我国彩电行业的制造商遭遇来自下游渠道越来越大的压力。连锁家电零售商和线上零售寡头，“挟天子以令诸侯”作为用户价值的代言人向制造商提出种种苛刻的利益要求。由于部分彩电厂家缺乏核心专长，产品同质化严重，因此无法与大零售商平等对话，只能在利润空间上一让再让。上游核心部件供应商毛利起起伏伏，彩电制造商毛利显著下降，连锁零售商毛利显著上升。这种情形下，流通价值链上的利益分布（见图2－3）。

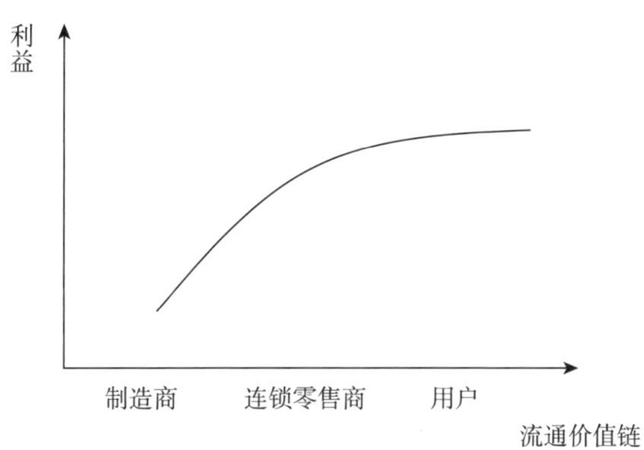

图2－3　挤逼上游型利益分布曲线

面对这种利益格局，一些彩电厂家陷入两难境地：若与零售巨头合作，利润则被挤压至极为狭窄的空间内（甚至没有利润或负利润)；若不与之合作，则会失去市场份额和销售效率。一些中小厂家因此而退出市场。而大品牌制造商短期内也找不到很好的解决方法，只能在“打打谈谈，谈谈打打”中，通过策略性行为与零售巨头周旋，尽可能减少彼此的冲突和自身的利益损失。欲从根本上改变利益格局，只有等彩电制造业产业整合基本完成以及厂家技术进步创造出差异化价值之后了。近年来，外资彩电品牌数量减少，且基本上退守高端市场；国产彩电品牌的集中度有所提高。如何通过商业模式的创新，摆脱流通价值链上的不利地位，对国内彩电制造商来说，是一个重大的战略课题（小米等品牌已做了一些尝试)。

不要破坏流通生态

在说明了几个案例之后，对制造商安排和管理流通价值链利益的分布提以下几点建议。

第一，不合理、不均衡的流通价值链利益分布，恰恰是改变市场竞争规则、获取市场优势的机会。制造商可以从战略高度对既有流通格局进行审视和分析，适时进行渠道模式、结构以及市场运作方式的创新；重新安排利益分布曲线，使之具有竞争力。

第二，流通价值链上的利益重心在用户。凡是渠道利益偏高的行业，都可以通过用户利益制衡渠道利益，牵引、驱动渠道行为。这是制造商改变利益分布曲线的根本策略。在流通价值链各主体的博弈格局中，线下、线上的大零售商往往以低价为纽带，与用户结成“神圣同盟”；同样，制造商可以通过独特的产品价值组合取悦用户，应对大零售商的“强势”。

第三，制造商在自身谈判能力较强时应打破“利障”——即为了一己之利，损害下游合作伙伴的利益。不夸张地说，国内有相当多的厂家在与渠道合作时，注重短期利益，不能形成与渠道稳定、持久、双赢的合作规则。一到“关键时刻”（如为了“冲任务”“移库存”等）就不履行承诺，损害流通价值链的整体、持久效能。在某些行业产品利润空间持续下降、经营环境普遍恶化的背景下，目前厂家必须精心呵护渠道的合理利润，应对产品零售价、供货价、返利等方面的改革进行有效管理，一方面避免产品价格的无端下滑和资源的无谓流失，另一方面保持流通利益格局的相对均衡和持久“合力”。否则，流通生态被破坏掉，再想恢复就难了。

改变流通价值链利益分布模式

我们讲讲猪饲料行业的故事，供读者朋友参考。

长期以来，我国生猪养殖业以分散化的养殖农户为主体，总的来说，他们养殖规模较小、养殖技术水平不高、抗风险能力较弱，在与上游饲料制造企业以及农村饲料经销商博弈时处于弱势。因此，猪饲料行业流通价值链的利益分布显现出不均衡的形态（见图2-4）。

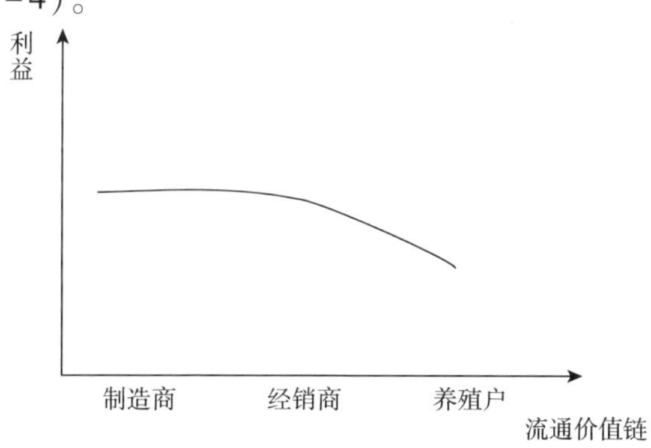

图2-4　猪饲料行业流通价值链的利益分布曲线

一些猪饲料制造企业，市场运作的重心较高、未能直接接触、服务养殖户，产品性价比也缺乏优势，只能依赖经销商实现销售；在多个厂家激烈竞争的情况下，为争夺渠道，通过多种方式增加经销商收益（比如在经销商进销价差之外，额外给经销商发放“工资”），以此换取经销商推销意愿的提升。而经销商则利用资金优势（农村小型经销商大都缺乏资金，需要经销商赊销）、知识优势（相对于普通农民，经销商通常见多识广，影响力较大）以及服务优势（很多经销商具有某项或若干项服务功能，如交易经纪、防病治病、技术咨询等），保持较高的产品销售毛利率。这样一来，饲料产品价格居高不下，养殖户的利益明显受到挤压。据笔者观察，农村经销商发家致富的比例，要比养殖户（尤其是规模较小的养殖户）高得多。众所周知，分散化养殖业具有周期属性和“蛛网效应”（即人们常说的“一哄而起，一哄而落”），当其处于严重不景气阶段时，相当多的养殖户都会入不敷出，但经销商却鲜有亏损。

近年来，随着我国生猪养殖规模化进程的加快，一批新兴饲料企业开始进行以改变流通价值链利益分布、转移价值给养殖户为内容的商业模式创新（最早发端于山东六和集团，后来由江西双胞胎集团等企业发扬光大）：一方面，扩大规模、降低产品出厂价格、进行性价比竞争、实施“微利经营”。另一方面，在母猪、乳猪饲料（业内称之为“前期料”，技术含量和附加值较大）领域不断进行产品创新，为企业提供盈利来源。同时，在区域市场（县/乡镇/村）进行密集开发和深度营销，构建扁平渠道结构，直接和养殖户接触和沟通，增加养殖户对饲料品牌、产品的认同和信任，并以此降低经销商在流通价值链上的重要性，限制其获利空间。这种模式的导入和推行（见图 2－5），有效地激发了市场需求，也驱动了相关企业的快速成长。

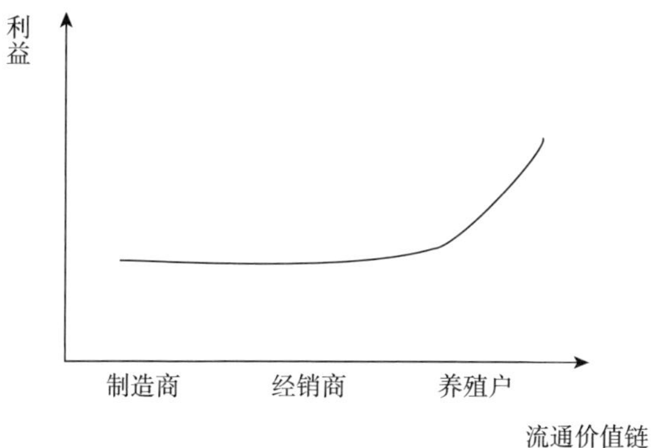

图 2-5　猪饲料行业流通价值链新的利益分布曲线

第三章

Chapter 3

商流物流分离

零售物流模式

大多数线下零售业态，商流、物流是统一的。通俗地说，就是顾客一手交钱，一手拿货。但有些大宗商品当场提取不太方便；或者有些商品并不急于使用，交易的时间、空间和获取实物商品的时间、空间不一致。因此，物流可以分离出来（见图3－1）。

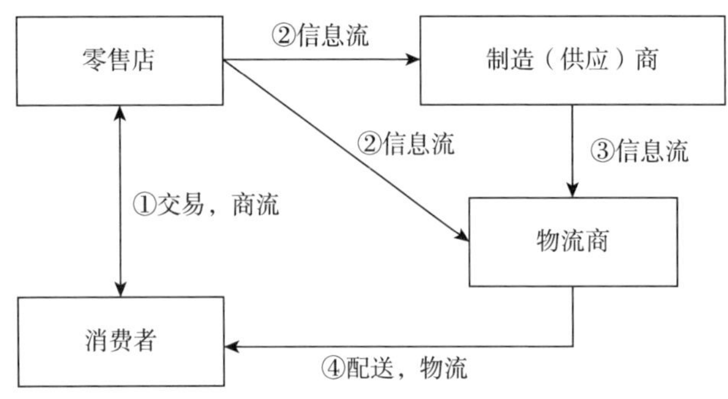

图3－1　线下零售的物流配送

消费者在零售店与零售商进行交易后，零售商同时通知上游制造（供应）商以及第三方物流服务商；物流服务商在约定的时间将商品配送上门。这种模式，减少了零售商和制造（供应）商的服务功能，利用第三方物流服务商的专业能力，提升流通价值链整体运行效率。

在无店铺零售的模式下，物流和商流必然是分离的（见图3－2）：

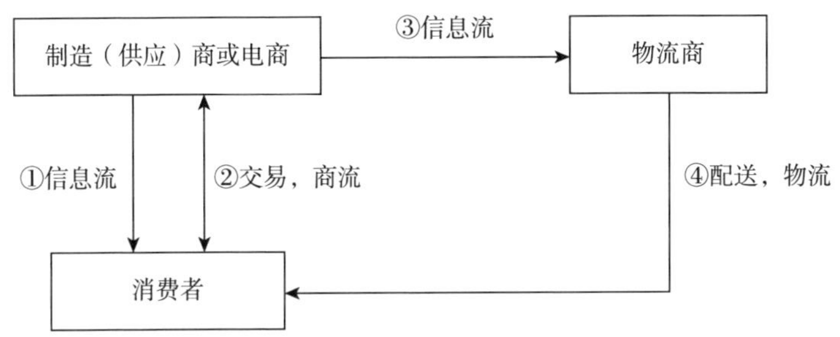

图3－2　无店铺零售的物流配送

无店铺零售的主要形态是线上电子商务（对电子商务企业来说，物流配送是最重要、最关键的竞争要素）。此外，通过微信等媒介连接顾客的有直销属性的无店铺零售近年来发展迅猛。制造商（品牌商）将产品、价格等信息传递给消费者（当消费者有体验愿望时，邀请消费者前往物理展示场所现场体验），双方达成交易后，物流服务商在约定的时间送货上门。这种模式，扁平使流通结构扁平化，既降低了制造商的流通成本，同时也节约了消费者的交易成本。

英国有一家名叫Argos的零售商，采取了线上、线下一体化（O2O）的零售模式。它在线下开设有连锁零售门店，采取前店后仓（库）的模式。一部分商品，顾客在店里挑选付款后，商家可以从店后的仓库中提取出来交付给顾客；而还有更为丰富的商品，店面并不展示，仓库也不备货，顾客可以在目录（纸质/电子）上挑选，店内现场支付或线上支付，然后在约定的时间内到店面取货。当然，也可以送货上门，但顾客需要支付配送费用。统计结果显示，大部分顾客愿意自己取货。这种商流、物流、信息流的组合方式，值得我国制造商及零售商借鉴。

区域配送中心模式

区域配送中心（RDC，Regional Distribution Center）模式适合于制造商将商品配送至各零售网点以及消费者处（见图3－3）；也适合于大型连锁零售商将货品配送至各门店（见图3－4）。其要义在于，在一定的区域范围内，设立区域配送中心，它具有中转仓储功能。大宗货物可先通过干线运输运至区域配送中心，然后再通过灵便的运输方式将货物配送至各个分散的目的地（如零售网点或消费者本人）。这种模式的优点是将高效率、低成本的干线运输（通常是海运、铁路运输、重型汽车运输等方式）与灵活、准确、及时的"最后一公里"配送（"毛细血管"运送）结合起来；同时，摆脱了商流结构的不合理束缚，使物流体系更有效率、更为精准、更加快速地运行，从而对商流运行和交易达成产生更有力的支撑。

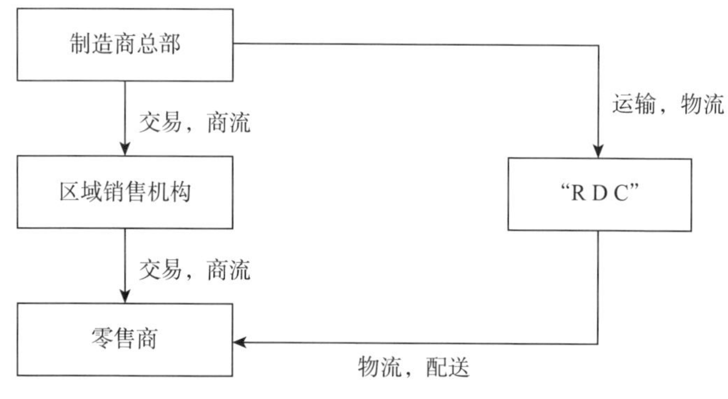

图3－3　制造商"RDC"运行

在图 3－3 中，制造商的区域销售机构可以是自设的区域销售公司，也可是与其他相关股东合资成立的销售公司；还可以是区域代理商或经销商。而“RDC”的经营主体通常为第三方物流。有的企业采取“两段”（两个经营主体）式物流模式，第一段物流负责干线运输，第二段物流负责“最后一公里”配送；“RDC”的所有权及管辖权，要么属于“第一段物流”的经营主体，要么属于“第二段物流”的经营主体（后一种情形更为常见一些）。需要指出的是，“RDC”可以比区域销售机构辐射的范围更大，也就是说，一个“RDC”可以支持若干个区域销售机构的销售；也可以比区域销售机构辐射的范围更小，即一个区域销售机构有若干个“RDC”为其提供服务。以美的集团为例，其下属安得物流公司，目前已将所有事业部大小家电十几个品类的数百个全国仓库（RDC）以及运输网络统筹起来进行管理，形成全国性的物流配送平台。

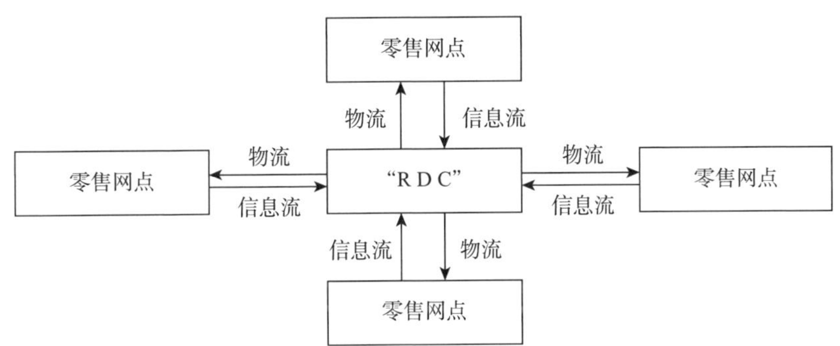

图 3－4　连锁零售商 RDC 运行

沃尔玛等现代连锁零售企业，在进行零售形态（如超级商店、会员店、超市等）选择以及零售网点空间布局时，也将“RDC”的设置以及物流体系的结构作为重要的影响因素，使两者高度契合、相互协同；将物流体系的合理性（以物流配送效率、物流配送速度、商品供应保证程度、商品新鲜程度等指标来衡量）作为零售竞争力的有机组成部分，作为顾客价值（品质、价格、购买效率等）的重要来源。

零售商的“RDC”模式与航空领域的“枢纽港”模式有异曲同工之处，两者的结构基本相同（也有人认为，现代物流的“RDC”模式即从航空“枢纽港”模式脱胎而来）。图 3－4 中的 4 个“零售网点”只是示意，在现实中，一个“RDC”支持的零售网点数量往往要多得多。以沃尔玛为例，在美国大约设有 30 家“RDC”，为 18 个州的 2500 多个商店提供配送服务。在沃尔玛高度信息化、“无缝连接”的物流体系中，“RDC”是基础设施，也是核心环节。各类商品经干线运输进入“RDC”后，“RDC”根据各零售网点的订单和补货信息进行敏捷配送。

随着物联网和云物流的发展，目前分散零乱的仓储配送资源未来将会逐步整合。正因为如此，物流行业的竞争才刚刚展开。

第二篇

流通模式的选择

第四章

Chapter 4

怎样选择流通模式

三种基本流通模式

所谓流通模式，通俗地说，是指制造商将产品卖出去的方式，即渠道（通路）的设计和安排。也可以称作渠道模式或通路模式。从理论上说，它是指制造商流通价值链的组合方式（见图4－1）。

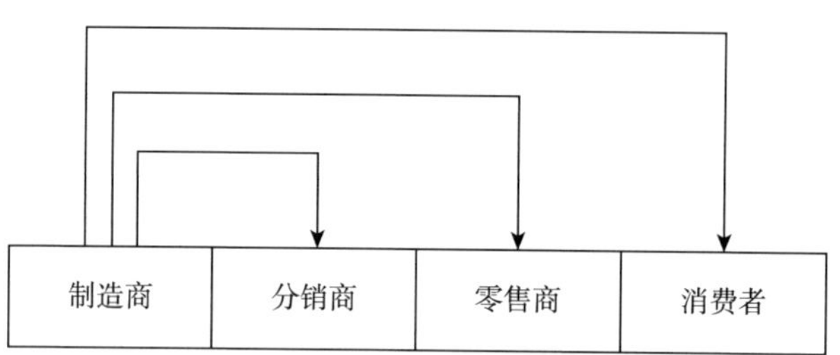

图4－1　制造商的流通价值链

按照从制造商到消费者中间环节的特征与数目，可以将渠道模式分为三类：

直销

制造商（供应商）不经过任何中间环节将产品直接销售给最

终消费者（使用者）。直销得以实现的前提与消费者（使用者）之间存在信息纽带；按照信息传递方式的不同，直销又可以分为如下形态。

第一，人际直销。制造商（供应商）选派直销人员，与消费者（使用者）面对面沟通并直接进行商品交易。目前我国的人际直销多出现在保健品、化妆品等领域；经营者需有政府批准的资质，且只允许单层次直销（禁止传销）。人际直销又可分为开放式直销（没有消费者进入限制，即可以面向所有的人）和封闭式直销，只面对经过许可的特定对象，如俱乐部式的以及线下封闭社群内的直销。

第二，通信直销。借助于一定的信息媒介如电话、短信、微信、微博、杂志、直邮宣传品（DM）等与消费者（使用者）沟通，并直接进行商品交易。目前，在房地产、理财、艺术品、保健品、旅游度假等领域广泛存在通信直销。随着移动互联网的发展，以微信为通信平台和交互纽带的微商模式、线上线下相结合的社群模式已成为通信直销的主流。

第三，电子商务。制造商（供应商）以互联网以及移动互联网为信息平台，与消费者（使用者）沟通和互动，并借助于第三方支付平台实现线上交易；同时，线下送货上门或消费者近距离自取。电子商务由于品种齐全、品种更新速度快、价格透明及相对便宜（一方面电子商务运营成本通常比线下零售要低一些，另一方面价格是电子商务运营者吸引流量的主要手段）、顾客交易成本较低等优势，近年来不断蚕食传统商业形态的地盘，已成为几乎每个制造商（供应商）都不能忽视的重要流通模式。需要补充说明的是，归入直销模式的电子商务是指制造商（供应商）自行设立并运营的线上零售业态。由代理商、经销商运营的制造商品牌产品线上零售，则归入制造商直营、分销等其他流通模式。

直营（直供）

在家电等行业通常称作直营，在快消品领域通常称为直供，是指制造商（供应商）跨越分销（批发）环节，直接与零售商合作（供货和交易）。这是一种通路长度较短的扁平化流通模式，由于具有贴近终端、反应速度快、便于与零售商深入沟通、市场管理与运作的重心低、可以在较小市场区域内精耕细作等优点，在国内市场上显示出强大的竞争优势，为一些优秀企业所采用。

一般来说，连锁零售商的崛起、零售业集中化程度的提高，会催生和助长制造商与零售商的对接。但国内企业的直供模式发轫于十几年前，其时国外大零售商尚未进入，国内的大零售商如苏宁、国美等还没有浮出水面。现实原因主要有两个：一是渠道（尤其是零售网络和终端）对于国内制造商具有战略意义上的极端重要性，厂家需自主掌控；二是缺少可以支撑上游供应商的高效率的社会分销体系，厂家不得不向流通领域延伸。

随着全国性连锁零售商包括电子商务寡头的崛起，中国家电、家居、快消品等领域制造商的直供模式，又有了新的做法和新的战略内涵。它们努力与在零售业态竞争中处于弱势地位的传统业态（三、四、五级市场的传统商店）直接对接，并给予传统渠道有力的帮助，同时开发、拓展可控的加盟零售体系（如专卖店）。其目的在于联合弱势业态抑制、抗衡强势业态的扩张，保持渠道体系内部的平衡。

分销

即制造商通过分销商（代理/经销商）将产品辐射至各零售网点。它体现了厂商专业化分工的特征。与直供相比，分销模式投入较少、效率较高，对制造商自身人力资源及管理能力的要求较低。因此更具适用性和普遍性。国内消费品制造企业，纯粹做直供的并不多，大部分采取的是“直供+分销”的模式，即只对那些全国性大型连锁商店（KA）采取直供方式；而对于分布广泛的众多零售网点或商店，则采取分销模式。外资品牌进入中国，大都采取厂商分工的分销模式，这一方面与其在发达市场的经验和传统有关，同时也是针对国内特定市场环境，旨在减少管理成本和交易成本的选择。某些外资品牌和我国分销商合作时，通常处于强势地位，对于流通价值链的影响力和控制力较强。因此，无须建立自主控制的直营（直供）网络（如国内企业常见的自设区域销售机构），也能保持较高的渠道张力和销售效率。

尽管从宏观角度看，随着上游制造业整合和下游零售业整合，分销的生存空间趋于减小，但就我国的市场环境而言，它在相当长的时间内仍是一种主流流通模式（尤其是小区域分销模式）。我国消费品市场的基本特点是：第一，纵向层次多：分为一级、二级、三级、四级、五级等市场，分别对应于特大城市市场、大城市市场、中等城市市场、县城市场、乡镇市场乃至村庄市场等。第二，内部差异大：市场的统一性低，不仅存在地域文化、消费者结构、消费者特征以及消费习俗、经销商经营习惯等方面的差异，也存在程度不等的地方保护主义。这既不利于全国性分销网络的形成，也妨碍了扁平化直供模式的扩展。第三，零售集中度低。近年来虽然崛起了一批大型零售寡头，但在广大的县、乡，村市场，家电、建材、家具、服装、快消品等领域仍然存在大量的规模较小的零售商。这三个特征是分销模式长期存在的理由和土壤。值得注意的是，近年来，一些采取直供（直营）模式或自建区域销售公司“准直供”的企业，由于管理成本高、内部交易成本大、运行效率低、经营风险较大等原因，反而从流通价值链上后移，构建厂商分工的区域分销网络。

以上三种模式各有利弊，各有适合的市场环境和自身条件。在企业营销实践中，经常出现几种模式相融合的现象。例如，有的制造商为掌控终端，自建团队管理、服务零售网络；同时为降低风险、发挥分销商作用，仍采用分销模式，但把分销商的职能简化，只承担物流和资金流责任。这种模式既可称为准直供，又可称为准分销。

由于本书主要探讨制造商掌控流通价值链，深耕三、四、五级市场，向市场底部挖掘流量的方法，因此在后面的章节里，我们不讨论电子商务、微商等直销话题；而对分销、直营（供）的分析，详见第 5 章和第 6 章。

第一类变量：产品

从制造商角度，究竟有哪些因素影响其流通模式的选择呢？换句话说，选择流通模式应考虑哪些变量呢？影响制造商流通模式选择的首要变量是产品本身的属性和特点。也就是说，有什么样的产品就有什么样的卖法，产品的下述属性、特点都与流通模式的选择有关。

一是产品的知识含量。产品中所包含的知识量的多少决定了与顾客沟通的难易程度。产品的知识含量越丰富，越要求在零售终端环节上建立易于和顾客交流、使顾客能亲身体验的互动平台。这会驱使制造商扁平通路结构，渗透零售终端。道理很简单，通路越长，环节越多，知识的损耗、流失就越大。在中间商素质不高的情况下，产品知识含量对通路缩短以及厂家渗透终端的效应就更加明显。

二是产品的更新速度。不同的产品，由于其技术特征不同、用户不同以及竞争格局不同，有不同的升级模式和推陈出新的速度。手机、彩电、笔记本电脑等消费类电子产品的更新/升级速度要比建材、家具等快得多，当然时装就更快了。更新速度快慢对产品的周转管理（库存管理）和零售终端的管理提出了不同的要求。显然，更新速度快，则需对零售库存有快捷、准确的反馈，对旧品排空和新品上市有细致、周全、快捷的安排，对销售商返利以及存货跌价损失补贴有较快的回应。这无疑会引发和驱动制造商通路结构的缩短。

三是产品的附加值空间。较高的产品附加值，在某些行业背景下，构成了最短的通路模式——直销的必要条件，例如保健品、文化产品等；而在另外的行业背景下，又构成最长的通路模式——多层次分销的必要条件。一些外资的高附加值电子产品，由于种种原因，至今仍采纳“全国代理—大区代理—省级代理—地区代理”的超长结构，其高附加值是这一结构得以存在的前提。可以预见，当行业竞争加剧、附加值下降时，通路结构也必然趋于扁平。

除产品的以上属性、特点之外，产品的物质形态及外形特征、产品的服务要求也会对流通模式产生影响。例如，电子商务式的直销，需考虑物流配送问题，这与产品体积大小、是否易破损、是否有保质期等相关。产品售后服务的概率大小、频次高低、要求严宽，与制造商渠道结构的长度、细分程度也有关系。此外，产品线的宽度和长度产品生命周期的不同阶段，也是选择流通模式时需考虑的因素。

第二类变量：顾客

制造商选择流通模式时应考虑的第二类变量是顾客状况和特征。主要包括以下几个方面。

一是顾客的分布特征。即顾客量是多还是少，分散还是集中。顾客越多，分布越广，零售网点宽度越大，选择直销、直营的可能性就越小，采取分销的可能性就越大。像快速消费品行业，流通的触角延伸至大街小巷、社区楼堂以及乡镇村庄，不采取小区域代理的深度分销模式，是无法保证应有的铺货宽度的。再比如，有些产品，顾客数量很少但分布广泛，制造商难以依靠传统渠道覆盖——顾客稀少的产品，哪个商场（店）会卖呢？那就只有采取邮购、电子商务等直销方式了。

二是顾客的购买习惯。通路设计的基本原则是方便顾客购买——这是4C（Consumer 消费者、Cost 成本、Convenient 便利、Communicate 沟通）中的一个要点。进而言之，通路设计需与顾客的购买习惯相吻合。电子商务近年来蔚然成风，除了电子支付、物流配送等的长足发展之外，与在虚拟世界中成长起来的新生代消费者成为全社会最重要的市场主体有关。再从传统行业看，为什么“建材大世界”“家居大市场”这样一些在理论上落后的商业形态（其特点是众多品牌专卖及摊位的集合体）至今仍有颇强的生命力呢？除了其交易成本较低、产品价格较低等原因外，它满足了顾客的多样化选择以及深入沟通的要求，顺应了一部分顾客的购物习惯，也是一个原因。

三是顾客的认知水平。即顾客对其所需产品的认知、理解程度。顾客认知水平较高，决定销售大小的力量主要是产品力和品牌力，渠道的相对重要性较低；反之，则主要是靠渠道推力，渠道的相对重要性不言而喻。当顾客认知水平（也就是理性化程度）普遍较低时，“精耕细作、决胜终端”的密集式渠道模式就应运而生了。

第三类变量：下游渠道资源

首先是中间商资源。中间商（主要指从事批发业务的分销商）的数量多寡、能力高低是影响制造商通路策略的重要因素。若中间商资源丰富，制造商向下游流通领域的渗透可以少一些；反之，制造商必然向下游延伸，建设能自主掌握的垂直流通体系。说得更明白些，如果能找到合适、合格的中间商，制造商就可以按厂商分工原则放手由中间商进行市场操作，给予中间商丰富的营销职能定位；反之，制造商要么撇开中间商全面直供，要么消解中间商的营销功能，仅将其定位为资金和物流服务者。

其次是零售业结构。包括零售业态构成以及零售业的集中化程度。总体看，零售业的结构性变化趋势是：一方面随着顾客层次增多、个性化需求增加以及顾客区隔的细分，零售业态会越来越丰富、复杂；另一方面各种零售业态中，零售“寡头”崛起，零售业的集中化程度提高。这种变化趋势，对制造商的渠道模式产生了两方面的影响：一是多种通路形式并存，形成复合式的通路结构，使产品通过不同的“管道”流到消费者手中。二是直接和零售“寡头”对接，通过磨合，找到利益的均衡点，完善策略、流程和管理体系；同时注重把握面向“寡头”的直营体系和面向中小零售商的分销体系的平衡。

第四类变量：企业内部因素

影响制造商流通模式选择的最后一类变量属于“内生”性的，即源于企业内部的因素，具体主要指以下两大方面。

一是资源和能力条件。自身的资源和能力条件越好，一方面流通模式选择的余地、弹性越大；另一方面，实施深度分销或直营的成功概率就越大。优良的资源和能力，是精细化渠道管理的前提和条件。

二是成长战略。制造商的流通模式，是在企业总体战略框架下制定的。前者服从于后者，是后者的具体化。企业的商业模式、核心竞争力定位、动态的成长路径、价值链的组合方式等，都对流通模式提供前提，构成制约。例如，国内的一些消费类电子产品制造商，在无核心技术的现实条件下，从价值链的后端即营销环节起步，建立网络为王的渠道优势；并凭借渠道优势，获得一定的市场份额和盈利要素，为逐步提升制造能力和技术能力赢得了回旋空间。基于这样的战略，这些企业通常都采取贴近市场和终端、反应灵敏、与渠道伙伴结盟的直营或深度分销模式。由于企业战略的个性化和差异性，这里就不展开阐述了。

第五类变量：竞争对手的渠道策略

制造商选择流通模式时的一个重要参照是竞争对手的流通模式。对于竞争对手所采取的流通模式，需观察其在市场反应速度，客情关系及渠道满意度，优质渠道资源掌控，市场规范化管理，为顾客服务，与顾客互动等方面，是不是更有优势？是不是更符合市场竞争规则？是不是更具有未来意义？未必要模仿对手的做法，但借鉴和回应是十分必要的。更重要的是对比、对标之后的创新。

华为手机起初的通路模式是以运营商通路（中国移动、中国电信、中国联通自营或加盟营业厅）为主，主要的销售驱动因素是运营商的配套政策；后来逐步扩展至各类社会渠道。当小米手机在线上通路异军突起后，华为手机（包括荣耀品牌）也开始重视线上通路的布局和争夺。OPPO 和 vivo 手机，基于自身的目标市场定位，坚定不移地深耕三、四级市场，构建了庞大的具有壁垒地位的线下零售终端网络。而小米手机一方面巩固线上通路优势，另一方面建设线下包含手机在内的综合品类体验店。这几个手机品牌在竞争中形成既有相似性又有差异性的通路结构。

再看看家居行业带来的启示：若干年前，当绝大多数家居品牌在红星美凯龙、居然之家等综合性平台卖场开设单品类专卖店时，全友家居在三、四级市场开办了一批以全屋家具解决方案为主题和特色的大型独立卖场。近年来，全屋定制的领军企业尚品宅配另辟蹊径，将与顾客互动的体验店开进了购物中心（shopping mall）及百货商店等更为时尚和流量更为集中的场所。这两个品牌都获得了渠道变革的红利。

以上“解析”固然有限，但不难发现，企业在决策时，是将诸多因素熔于一炉，进行整体运筹、系统思考的：围绕目标，综合多种因素，选出一种最合适的流通模式——既适合于环境，又适合于自身。

流通模式的创新

流通模式创新，是渠道创新的最高层次，属于市场竞争规则创新的范畴，是市场营销优势的决定性因素之一。

未来流通模式的创新将在两个背景下展开：一是“消费者主权”的作用，即流通模式将会变得更加贴近消费者，与顾客有更加广泛、更加深入的互动；二是厂商之间的“生态平衡”，即零售商（包括线上零售商）地位的提升和其所占有的相对利益比例的增大，迫使制造商寻求新的出路。

第一，建立立体、复合型通路模式。制造商应顺应消费者收入分层化、需求个性化以及零售业态复杂化的趋势，建立复合型通路结构，即针对不同的细分市场安排不同的通路（参见第 8 章）。例如，有径直面向消费者的社区通路、楼盘通路、网络通路及微商通路，有直接与之发生关系（直供）的大型零售和连锁零售通路，也有借助分销商的中小零售商通路等；有显性通路（实体零售商店），也有直接与消费者接触的隐性通路（例如建材家居行业的设计师通路）。在每一种通路类型中，还可细分出具体的专业化通路形态。同时，调节各种通路之间的相互关系，避免各种通路之间的冲突。

第二，在复合型通路模式下，拓展社群商务。顾客社群，既是与顾客交互的网络，同时又是实现交易的途径。在顾客社群内，可以实现认知和交易的统一、交易和关系的统一。而社群营销和销售，未来将是基础性的市场开发方式，会嵌入多种流通模式和商业形态之中。

第三，建设垂直零售体系。未来将有越来越多的厂家试图绕开零售传统业态和寡头，建设自有或加盟的专卖店体系。消费者需求细分度的提高和需求个性化程度的增强，将催生更多的差异化产品和专业性更强的商店。房地产业大型商业设施的开发建设将为专卖体系提供基础设施。换个角度看，“个性化、差异化产品+特色鲜明的专卖店+减少顾客交易成本的专卖店集合体（大型购物中心）”将会成为与传统百货公司、大型连锁超市等业态既相抗衡又相补充的新兴商业形态。

第四，融合产业资本和流通资本。随着资本市场的发育成熟，产业（制造）资本和流通（商业）资本融合的现象将会越来越多。要么制造资本顺势而下与商业资本对接，要么后者逆向进入上游产业。双方对接的基本方式是参股、控股以及企业收购兼并。从制造商角度看，收并、参股流通企业，意味着自建以产权为纽带的垂直流通体系，也可将其视作流通模式的创新。产业资本和流通资本的融合，既是双方矛盾尖锐化的产物，又是双方矛盾解决的途径，同时也是新的竞争格局的开始——竞争将在不同的财团和价值链群体之间展开，其强度更大，广度和深度都将超越以往。

常见的线下流通模式

直销

直销在大部分消费品领域，都属于边缘性或辅助性流通模式。互联网时代，一些企业（比如海尔）借助于微信等手段，通过小范围社群的组织方式，使直销模式焕发出新的生机（见图4-2）。

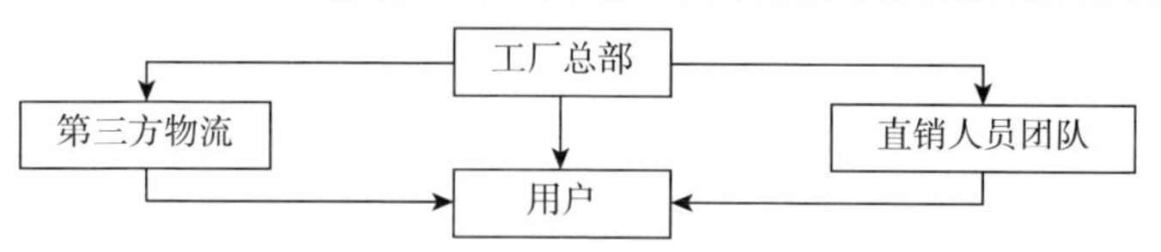

（直销模式中的产品配送，可交由工厂总部自办物流承担和完成，也可委托第三方物流供应商承担和完成）

市场条件	优点	缺点
•用户范围边界较清晰 •用户较集中 •用户有一定规模 •产品	•直接面对用户，可以深入互动，有利于深化双方关系 •减少了中间环节，流转速度较快	•获客成本较高；销售效率较低 •直销人员众多，管理难度大

图 4－2　工厂人际直销模式

自营零售

自营零售模式介于直销模式和直供（直营）模式之间，可以称之为准直销和准直供（准直营）。其实质在于制造商进行产业链的前向整合，构建直抵零售层面的自主、可控垂直流通体系（见图 4－3）。

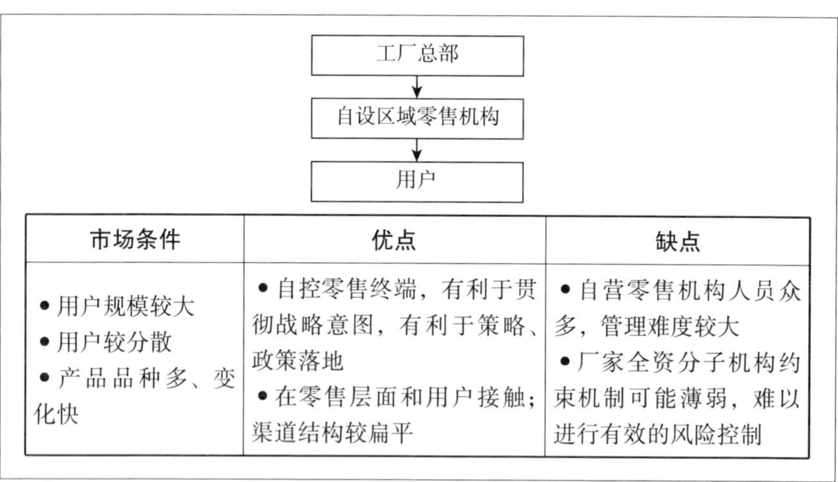

市场条件	优点	缺点
•用户规模较大 •用户较分散 •产品品种多、变化快	•自控零售终端，有利于贯彻战略意图，有利于策略、政策落地 •在零售层面和用户接触；渠道结构较扁平	•自营零售机构人员众多，管理难度较大 •厂家全资分子机构约束机制可能薄弱，难以进行有效的风险控制

图 4－3　工厂自营零售模式

直供（直营）

在快消品领域，工厂与零售商直接对接的流通模式通常称作直供；在家电、家居等领域，则通常称作直营。家居、建材、时装等行业，零售形态主要是品牌专卖店加盟，直供和直营是主流流通模式（见图4－4）。

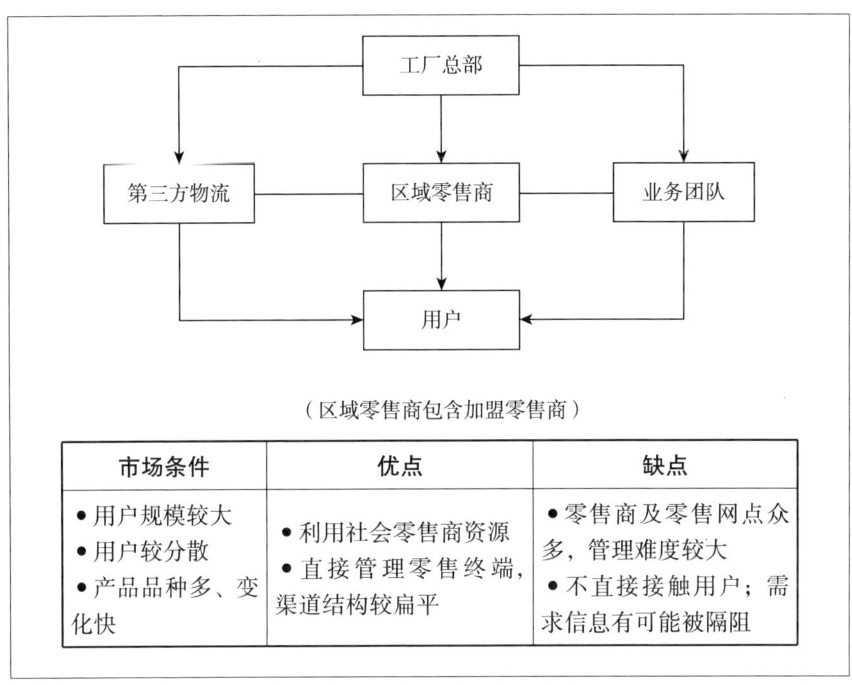

市场条件	优点	缺点
•用户规模较大 •用户较分散 •产品品种多、变化快	•利用社会零售商资源 •直接管理零售终端，渠道结构较扁平	•零售商及零售网点众多，管理难度较大 •不直接接触用户；需求信息有可能被隔阻

图4－4　工厂对接零售商模式

分货

分货模式介乎于直供（直营）和分销之间。有些产品，比如手机、电脑、家用空调等，既需要零售层面的精耕细作，又需要以巨额资金为依托的吞吐，这种模式较为合适（见图4－5）。

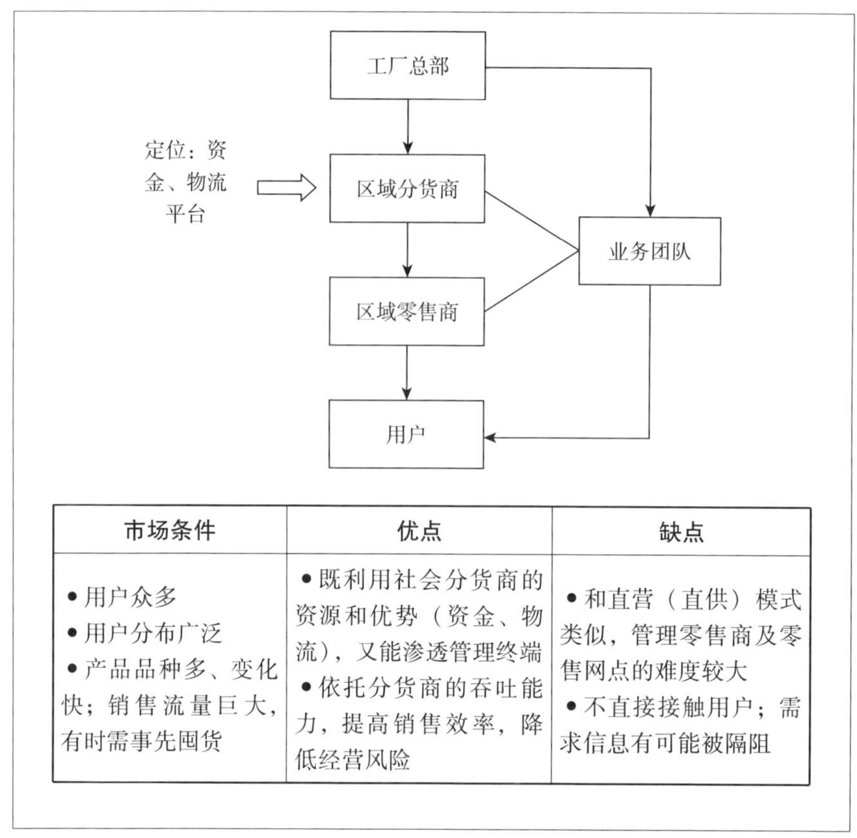

市场条件	优点	缺点
• 用户众多 • 用户分布广泛 • 产品品种多、变化快；销售流量巨大，有时需事先囤货	• 既利用社会分货商的资源和优势（资金、物流），又能渗透管理终端 • 依托分货商的吞吐能力，提高销售效率，降低经营风险	• 和直营（直供）模式类似，管理零售商及零售网点的难度较大 • 不直接接触用户；需求信息有可能被隔阻

图4－5　工厂与资金、物流平台合作模式

分销

对大部分消费品制造商来说，分销是最可行、最有效率的流通模式。目前分销模式正朝两个方向演化：一是厂商一体化融合。双方的交易关系是市场化的，权利边界是清晰的，但在市场运作上尽可能协同配合。二是大分销逐渐浮出水面。分销业正在整合，特别是在医药、快消品、家电等领域，覆盖区域较广（乃至全国），容纳品牌品种较多，向三、四、五级市场延伸较深的分销巨头逐渐增加（见图4－6）。

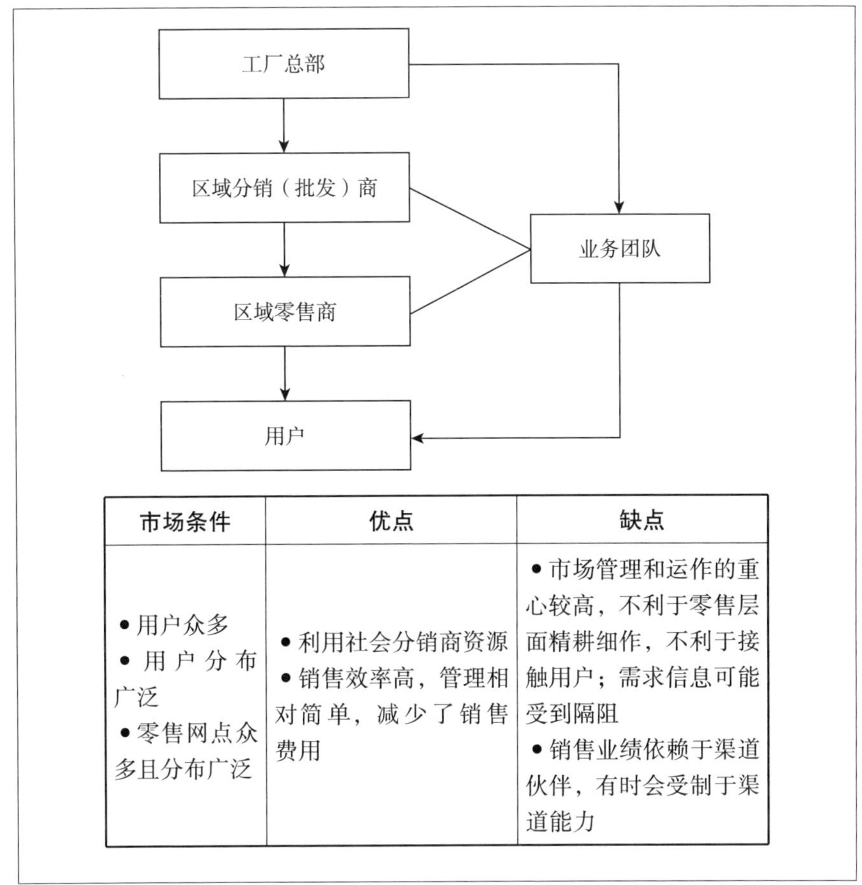

市场条件	优点	缺点
• 用户众多 • 用户分布广泛 • 零售网点众多且分布广泛	• 利用社会分销商资源 • 销售效率高，管理相对简单，减少了销售费用	• 市场管理和运作的重心较高，不利于零售层面精耕细作，不利于接触用户；需求信息可能受到隔阻 • 销售业绩依赖于渠道伙伴，有时会受制于渠道能力

图 4－6　工厂与分销商厂商分工模式

自营分销

这一模式属于直供（直营）和分销两种模式的融合。它在家电行业比较多见。中国最早进行渠道变革的家电企业如 TCL、创维、海尔等都采用了这一模式。为实现增强内在约束、激励的双重目的，目前许多制造商已推行区域销售机构员工（团队）持股机制（见图 4－7）。

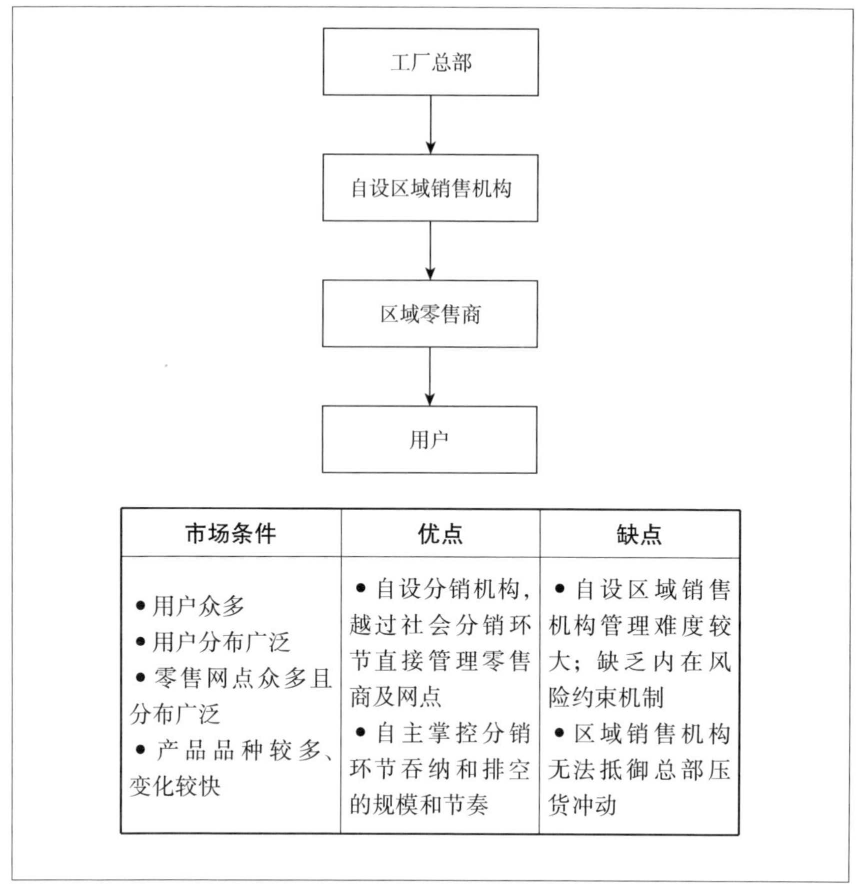

市场条件	优点	缺点
•用户众多 •用户分布广泛 •零售网点众多且分布广泛 •产品品种较多、变化较快	•自设分销机构，越过社会分销环节直接管理零售商及网点 •自主掌控分销环节吞纳和排空的规模和节奏	•自设区域销售机构管理难度较大；缺乏内在风险约束机制 •区域销售机构无法抵御总部压货冲动

图4－7　工厂自设区域销售公司（分销机构）模式

合资分销

这一模式下，如果工厂控股，则与自设区域销售机构类似；如果合作伙伴控股，则与厂商分工的分销模式类似。步步高、格力、美的等企业较早地采取了这一模式（见图4－8）。

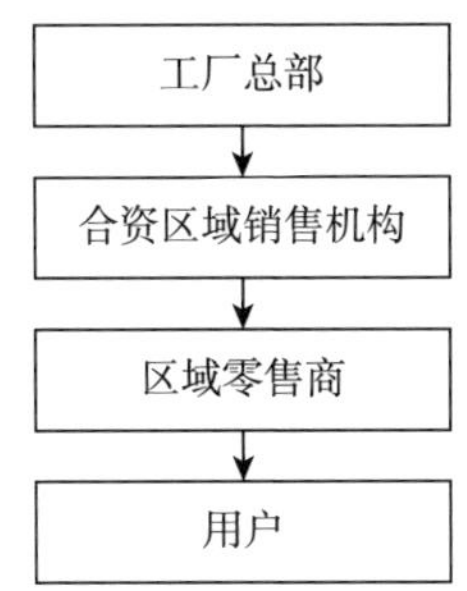

市场条件	优点	缺点
•用户众多 •用户分布广泛 •零售网点众多且分布广泛	•既利用社会分销商资源，又对分销商有所控制；管理比较简单 •有利于从区域多头代理向统一分销、服务零售模式转型	•合资区域销售机构股东之间容易出现分歧甚至冲突 •和分销模式相类似，市场管理和运作的重心较高

图4-8　工厂与合作伙伴共同设立区域合资销售机构模式

第五章

Chapter 5

分销模式辨析

分销和代理经销的定义

分销（Distribution）的字面含义是分发、分送。在流通价值链中，狭义的分销和人们熟知的批发内涵基本相同，主要指将商品向下游零售网络分别销售和发送。传统的分销，既包括商流，也包括物流。随着商流和物流的分离，目前部分分销企业仅仅具有商流功能（但大部分分销企业还是商、物流合一的，否则生存空间大大缩小）。如果仔细辨析字义的话，批发和分销还是有些许差异的：批发有将商品批量地纵向发送的意思，而分销则意指横向的分散化配送。我国电脑、手机行业的分销与国际惯例接轨，是狭义的分销。而广义的分销，既包括了狭义分销，也包括零售，和流通的意思差不多。在我国家电、建材、家居、服装等许多领域，按照分销的字面意义，将其约定俗成地定义为向消费者零星、分别销售的零售。本书提到的分销，均取其狭义。

谈到分销时，经常涉及另外两个词：代理、经销。分销及零售，指的是流通价值链上的经营（商业）形态，而代理、经销则是上下游合作的模式和合约类型。从理论上说，代理意味着商品的所有权在上下游之间未发生转移，而经销则意味着下游“买断”（商品所有权转移）。代理商通常没有商品购进后再销售的定价权，换句话说，代理商的进销毛利空间是由上游供应商确定的。代理商获取的利益是服务佣金；当上游供应商变动（下调）商品价格（包括代理商进货价以及向下游的供货价），需向代理商做出价格补偿——通常针对商品的未销出部分。此外，代理商对于库存商品是可以向上游供应商退换货的。而经销商由于是“买断”，因而可以自由确定商品销售价格，其利益来源是商品进销价差。显然，上游供应商调整（下调）商品供货价时，无须向经销商做出价格补偿；而经销商的库存商品也不能向上游供应商退换。

总的来说，代理商更接近于上游（制造商/供应商）环节的延伸，自主运作的空间较小；而经销商则是上游的交易对象，自由度更大，风险也更大，但收益有可能更高。我国家电、电子消费品等领域，上下游主要采取代理合作模式，而快消品、服装、建材、家居等领域主要采取经销合作模式。在现实流通活动中，某些上下游的合约类型是混合型的，即既有代理的属性，也有经销的属性，但通常会接近于代理或经销的某一种。

将代理、经销和分销、零售对应起来，分销商可以是代理商，也可以是经销商。而零售商可以是经销商，但通常不称作代理商——类似的称呼是代销商。

大分销与小分销

分销之大小，主要是依据厂家许可分销商从事代理或经销活动的区域范围而定。区域范围较大——一般来说覆盖全省以及省以上区域的分销商，可称作大分销；反之，则称为小分销（设立地级及地级以下分销商）。

大分销模式下，通路窄而长，常常存在二级乃至更多级别的分销商。对厂家来说，大分销模式的主要有利之处是：充分利用社会资源，减少管理成本和销售费用，获得较高的销售效率。其问题在于，难以激发渠道能量，销售被通路结构所束缚，市场做不深、做不细。反之，小分销模式下的通路结构宽而短，且对区域市场进行了空间细分，可以通过密集分布的“毛细血管”将产品流往市场的每一个层次和市场的每一个角落。

大分销的销售动力，往往来自于产品及品牌本身（沿渠道而下，一泻千里），渠道助力或渠道加速功能相对较少；而在小分销状况下，渠道会对产品“水流”产生强大的推力。目前，国内采取大分销模式的，通常是两类企业：一是本土中小企业，二是外资企业。它们的共同特点是自身无心或无力驾驭密集式的渠道体系。因为渠道密集意味着企业内部销售人员众多，管理难度较大。本土中小企业这么做是一种无奈，它们的销售必然受制于通路。而外资企业则是权衡利弊后的理性选择。首先，由于外资企业通常品牌力、产品力较强，因此对渠道的依赖性较弱，对渠道管理的要求可以相对宽松一些——凡消费者指认程度高的产品，即使存在窜货、乱价，但这些“失范”现象对销售的负面影响较小。其次，外资企业产品附加值较大，能够容纳多个流通层级。这是多层次大分销的必要条件。再次，对于管理庞大的销售团队，外资企业深感艰难，轻易不敢尝试。近年来，也有一些外资企业借鉴本土企业深度分销的做法，但由于企业文化的整合程度低，管理跟不上，结果费用陡增，效益下降，业务团队的道德风险大到企业几乎不能承受的地步。除以上几方面因素外，部分外资企业谈判力较强，对受制于大分销商的顾忌较少。此外，恪守厂商分工、营销销售分离原则，也是其选择大分销模式的重要原因。

而本土优秀企业在品牌力、产品力较弱的不利形势下，大都将渠道作为能攻善守的营销战略堡垒。通过小分销及深度分销，为自己艰难地开辟出一片生存绿洲（见图5-1）。小分销模式依托于团队、管理和企业文化，若能有效实施和运作，便能构建竞争者难以逾越的通路壁垒。

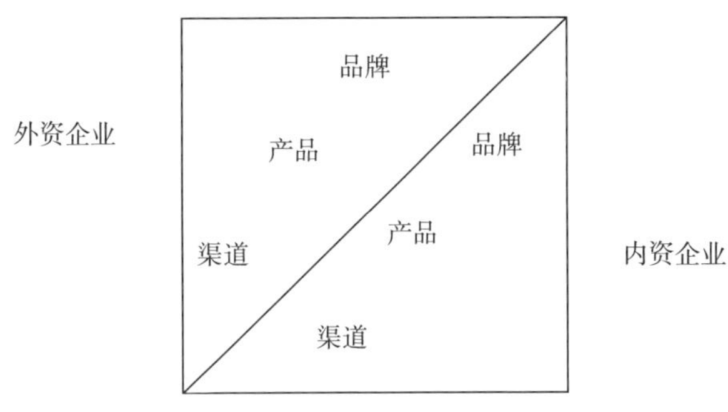

图5-1　内外资企业营销优势分布

值得注意的是，一些外资企业已在进行由大至小的通路变革；国内一些专门与外资品牌对接的大分销商正在实施扁平化策略——取消下级分销，直接向零售商供货，因而减少了大分销模式固有的弊端。这些都会对本土企业造成更大的压力。未来究竟是外资企业在渠道上超越本土企业，还是本土企业在品牌和产品上赶超外资品牌，我们不妨拭目以待。

长期以来，由于地域辽阔、区域市场差异较大、物流基础设施薄弱（近年来已有较大改善）等外部原因，以及进入门槛较低、分销企业素质总体薄弱等内部原因，分销行业格局分散，整合速度较慢，许多消费品领域缺少全国性的或跨省的大分销商。这既是上游厂家选择小分销的背景和前提，也是下游分销结构难以集中的原因。分销商越弱小，上游厂家越是要掌控流通价值链；而上游厂家对流通领域渗透越深，分销商就越难以成长壮大。类似于发达国家市场厂商平等分工合作的局面在我国尚有待出现。不过也有一些民营分销企业在奋力改变这一局面，例如快消品领域的怡亚通、药品领域的九州通等。

独占式、选择式和密集式分销

独占式分销，顾名思义，意味着一定的市场区域内，厂家只选择一家分销商，给予其独享市场资源的权利；而独家代理或经销的分销商则承担一定的销售责任乃至营销责任。

如果零售网点不是太密，或者市场竞争格局比较稳定，独占式分销较为适合。对制造商而言，它降低了与分销商之间的交易成本，同时也降低了管理渠道及市场的成本。弊端在于：该模式缺乏渠道间的竞争，有时不能有效驱动分销商对市场进行深度开发。

部分制造商授予分销商独家代理/经销权时，以分销商不得经营厂家的竞争品牌为前提或条件。这样做有利于保持和提高分销商的忠诚度，使他们更加聚焦与专注地做好经营工作。但由此也造成除了极少数强势分销商外，大部分分销商经营品牌单一，只是上游厂家的专业销售机构，而不是综合性的通路平台。这大大削减了分销商的生存空间，削弱了分销商的实力和竞争能力（国内为何缺少特大型分销商，这是原因之一）。这种状况有时也给上游制造商造成困扰：获得了忠诚，但牺牲了效率。

如果区域市场上顾客较为分散，且需要“点对点”地深入发掘；或如果零售网点高度分散，单一分销商难以有效覆盖；或如果需要借助于渠道张力改变市场竞争格局，选择性分销——同一区域市场中选择多家分销商——或许比独占式分销更为合适。这种竞争结构所激发出的能量是不言而喻的，其所导致的市场不稳定、渠道冲突以及管理难题也是可想而知的。

选择性分销又可以分为两种状态：封闭式的和开放式的。前者意味着多个分销商所辐射的下线零售网点不交叉，相互区隔；后者则意味着分销商可以向区域内所有的零售网点供货，下线零售商则可以多头进货。两种形态的利弊很清楚，无须再做说明。

有一种分销模式介于选择性分销和独占式分销之间。即区域市场上的多家分销商分别代理/经销同类产品中的某种型号，这在手机行业最为常见；或者多家分销商分别代理/经销同一企业同类产品的不同品牌（即产品相同或相似，但品牌不同）。这是一种既充分利用渠道资源，又对渠道进行适度区隔和利益保护的折中做法。

需要特别指出的是，选择性分销在产品销售顺畅时有放大功能——各个分销商争先恐后地进货，会有力地推动销售；而在产品销售不佳时，也有可能对厂商造成致命的伤害：各个分销商都“积水”过深，库存积压严重（它们分别接受上游厂家的“灌水”，缺乏统一采购计划，很容易过量进货），在多个分销商并存的“囚徒困境”下，很有可能引发“洪水泛滥”（货物乱流）和整个渠道体系的崩溃。

密集式分销最具中国特色。有这样一些行业，其顾客密集且分布极为广泛，消费量巨大但产品差异较小、附加值较低。这时，密集式分销——对分销商基本上不加选择，凡符合要求者均可代理/经销——往往是效率最高的通路安排。全国各地的大小专业市场（例如，浙江义乌的小商品市场），是密集式分销的主要载体。不计其数的产品品种，借助于各类“市场”（商品集散地），水银泻地般流向城乡，构成了中国市场上虽显混乱但充满活力的生动图景。这些“市场”也是大量中小生产企业得以生存的土壤。

另有一种特殊且少见的情形也适合于密集式分销：产品的市场拉力极强，或长期供不应求，无须进行精细化的分销设计。改用王蒙《青春万岁》诗中首句：来吧，所有的分销商都来吧！这不是挖“渠”引“水”，而是“水”流成“河”。在药品、消费类电子产品等领域，都出现过这种分销形态。

介入式分销和非介入式分销

“介入”和“不介入”，首先是就制造商而言的。“不介入”意味着厂家不做分销商“分内”的事。而“介入”，则是指厂家影响流通领域。它有两种表现形式，一是参与或承担一些本该属于分销商的职能。按照一般的厂商分工原则，厂家主要进行市场推广和产品助销，分销商主要从事回款、物流等销售活动。但在“介入”的情况下，厂家不仅“Marketing”，同时也要“Sales”——做“销售”范畴内的工作，例如，与分销商共同制定零售商进货及回款计划，乃至向零售商收款等。二是跨越分销层面，与零售商发生关系，并直接管理零售终端。

选择“介入式”分销的，大都是本土企业。这一方面是因为有时厂家和商家能力不对称，分销商的素质达不到上游厂家的要求，厂家不得不“介入”；另一方面是因为渠道推力对于本土厂家具有特别重要的战略意义，只有“介入”方可心安。此外，严酷的竞争事实也提示厂家，不掌握零售终端便没有优势，甚至不具备参与竞争的基本条件。

换个角度看，“介入”或“不介入”，实际上是对分销商作用与功能的不同定位（见表5－1）。

表5－1　分销商的功能定位

全能型分销商	中间型分销商	辅助型分销商
承担大部分营销和销售职能	主要承担销售职能（厂家承担营销职能）	仅仅承担物流等服务职能（营销、销售职能主要由厂家承担）

显然，如果把分销商定位为“辅助型”和“中间型”两种，厂家则采取了“介入式”分销（当然介入程度不同）；如果将分销商作“全能型”定位，厂家则选择了“非介入式”分销。表1也说明，在分销模式的总体框架下，制造商具体的选择和做法有着广阔的空间和高度的灵活性。正因为如此，与外部环境和企业内部特质相契合的渠道策略才有了特殊而重要的意义。

“介入”和“非介入”，其次是就分销商而言的。分销商如果将服务、管理的触角延伸进入下游零售领域，融入下游的零售活动，那么则是“介入”的，否则就是“非介入式”。“介入”抑或“非介入”，反映了分销商不同的战略意图，也体现了分销商经营内涵和服务含金量的优劣。以医疗流通行业为例，大部分的医药分销企业面向医院以及零售药店，仅仅具有平台功能——回款和仓储配送，而少数医药分销企业，则开始尝试和医院深度合作，如托管医院药房等。

我国的三种分销网络

目前，我国已形成三种具有普遍性和典型性的分销网络。它们分别体现出所衔接的上游产业层次的高低，同时也反映出自身综合竞争能力的差别。

第一种分销网络是由某个企业独立运营和管理的覆盖全国的流通体系。这些分销企业在全国设立众多的分支机构，可以高效率地将所代理的产品推向全国市场。例如，信息业的神州数码、手机业的爱施德、天音通信等。这种分销网络从外部看，其机遇主要在于，一些外资品牌及国内上游制造商因销售成本高、营销管理难度大而寻求市场覆盖面广、运作效率高的分销伙伴；行业创新速度的加快，凭借差异化产品切入市场的中小企业，为全国性分销企业提供了生生不息的代理源泉。其外部不利因素主要有，部分主流制造商扁平渠道结构，实行小区域代理，使全国性分销企业的生存空间越来越小；同时，区域性分销企业具有地缘优势，其竞争能力正迅速提升，对全国性分销企业构成较大的威胁。从内部看，全国性分销企业在资金实力、管理基础、人力资源等方面总体领先，但由于国内市场幅员辽阔、密度大（人口众多）、梯级层级（一级、二级、三级市场）多，竞争格局复杂多变，庞大的自有网络帝国很难建设和驾驭，运营成本和效率未必有优势。在我国的市场环境下，这种全国性的分销网络在全社会整体分销体系中将在相当长的时间内处于补充地位。首先，它只适合于少数行业；其次，它所能直接服务、管理的下线零售网络一般限于地级以上城市市区（最多至发达省份的县城）；最后，它在全社会分销总量中的份额较小。也就是说，在可预见的时期内，国内不可能生成类似于美国、日本的全国性分销寡头。

第二种分销网络是由某个企业独立运营和管理的区域性的流通体系。其所覆盖的区域通常以行政区划的省和地级市（包括市区和下辖县）为边界。这种分销网络契合于大多数行业、大多数制造商的渠道布局策略，适应国内市场统一性差的特点，同时和一般分销企业的管理能力相匹配，因此，在相当长的时间内，它是社会整体分销体系中的主流。这是我国分销体系不同于美国、日本等国家的特色所在。

第三种分销网络是由众多分销商集合而成的“市场”，它包括有形和虚拟两种形态。前者如浙江义乌、山东临沂小商品市场，后者如一些从事批发业务的网站。就有形“市场”而言，它已形成了从全国性中心“市场”到区域性“市场”的庞大纵向体系，承载着数不清的品种（以消费类小型商品和小型生产资料为主），将产品分销至全国各地（主要以农村为主）每一个角落。国内众多行业高度分散化的竞争格局，大量中小企业低成本制造的经营模式，广大城乡消费者较低的消费水平，是这种分销网络存在的条件，而它又是上游制造商分散化、小型化的土壤。尽管各地有形“市场”存在假冒伪劣产品，市场秩序混乱等客观情况，但它仍具有极强的生命力，作为一种补充性的聚合式、开放式流通体系将长期存在，并有可能从中孕育出组织化程度更高的第一种分销网络。但在全社会分销总量中，这种网络的份额无疑是下降的，这是产业成长和流通体系进化的必然结果。

虚拟分销网络，尚处于起步阶段，从长远看，随着全社会信息化程度提高，商业道德水平提升，以及物流设施的完善，具有较大的成长空间。但目前，面向零售网络的批发型 B2B 网站大多规模较小，份额极低，经营困难，很重要的原因在于，在我国国情下，分销和零售之间的纽带，除了商品、信息以及利益，还有建立在长期人际交往基础上的信任关系和情感因素。这是熟人社会特征的一种折射。从陌生的、不熟悉的网络交易进货，还不太符合众多小型零售商的习惯。

第六章

Chapter 6

直营（直供）的常见模式

基本模式：制造商直接面向零售商

直营或直供，指制造商越过分销环节，直接与零售商进行交易。其基本或标准模式（见图6－1）。

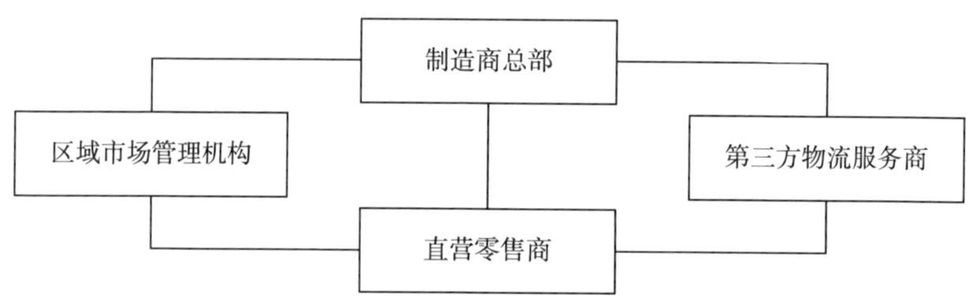

图6－1　直供模式

在这种模式下，产品流通的资金流、管理流和物流发生了分离。资金流动发生在厂家总部和直营零售商之间（即零售商直接向制造商总部回款），管理活动如直营零售商的开发、客情关系的维护等主要由厂家的区域市场管理机构（如办事处）完成，产品的仓储配送则由独立的第三方物流企业承担。这样做，既符合零售业整合、大零售商成长的环境变化趋势，也避免了制造商自设区域分销机构的库存风险以及各类管理风险。

这种模式较多地体现了扁平化原则，有利于总部对市场运作的直接控制。但主要问题有，由于总部直接管理，对市场的反应速度较慢，灵活性较弱；对管理的要求，尤其对于信息管理的要求较高；向零售商提供的服务及时性、针对性较差；与第三方物流服务商的衔接可能不顺畅，其配合、支持可能达不到厂家及零售商的要求。

在此框架下，制造商总部对于区域市场管理机构（派出机构，甚至是虚拟机构，非法人机构）仍可以有不同的权限安排。若在产品供价、渠道政策、市场推广投入等方面，赋予区域市场管理机构较大的经营决策权，管理机构也就具有了一定的经营内涵和性质。对于区域市场管理机构的激励，同样也可导入市场化的方式。由此可见，不同的销售管理体制（区域销售公司或区域办事处制）是可以交融和互通的。

制造商全资区域销售机构面向零售商

由于国内市场幅员辽阔，厂家总部往往难以和成千上万的零售商（尤其是乡镇中小零售商）直接交往，因此，建立垂直流通体系、设立区域性（最常见的区域边界是省或地级市）销售实体以取代社会代理/经销商成了符合逻辑的选择。厂家全资区域性销售机构经注册成立，是自负盈亏的经营主体，具有财务结算和物流配送等基本经营功能，相当于厂家在某一区域的独家代理/经销商。这一模式的实质是上游厂家替代社会分销而自营分销。由于区域销售机构代表厂家面向零售环节，在此，我们将其归入直营（直供）范畴。

这种模式除了具有直供模式的一般性特点之外，其最大的特色是厂家内部分权型的“总部—区域机构”双层经营体制——区域性销售机构通常具有较大的经营自主权，效率较高，政策灵活，可以敏捷、迅速地应对市场。主要问题在于管理风险大、控制难度大。

制造商总部对区域销售机构的管理，按内部分权程度不同有以下三种方式。

一是完全市场化型。总部按产品底价（含有关销售奖励）与区域销售机构结算，后者自主决定对外的供货价；区域销售机构的费用及利润均来自于进出价差。毛利扣除费用后的净利润由区域销售机构享有，或与总部分享。在此基础上，区域销售机构进行内部的二次分配。这种在一些地方被称作“一脚踢”的管理体制，通过自律机制减少管理成本，可以有效地调动区域销售团队的积极性。其弊端在于总部与区域销售机构的目标定位可能不一致，影响厂家的总体战略实现，例如区域销售机构过于偏重利润，不进行品牌建设以及必要的资源投放，注重短期效益等。

二是准市场化型。总部管理区域销售机构的主要杠杆有：基准价格以及价格上下浮动空间规定，费用预算以及有关事项（返利、开支、特价等）的审批制度。这是一种“鸟笼”式的管理体制，区域销售机构在总部设立的权限边界内有一定的自主权和灵活性。总部对区域销售机构的考核以销售任务为主，盈利为辅；相应地，激励机制以与销售任务完成情况挂钩的薪酬为主，利润提成或分享为辅。这种方式反应速度和活力不及“完全市场化型”，但管理风险较小，控制力度大。

三是控制型。设立区域销售机构更多着眼于为外部客户提供方便的回款、物流服务，在内部管理上不强调其自主权和灵活性，定价、渠道政策以及市场推广等主要权限由总部掌握；对区域销售机构的考核以销售任务为主；激励形式主要是与销售任务完成情况挂钩的薪酬。

以上三种管理方式或管理体制，目前比较常见的是第一种，因为较好地体现了统一性和灵活性的平衡。无论哪一种管理体制，容易出现的问题是总部的区域销售机构压货。虽然区域销售机构是经营实体，但它并不完全独立。由于在人事上受总部控制——总部任命区域销售机构总经理，因此，不可能抵挡来自总部的“非理性”要求，比如过高的销售任务以及相应的压货行为。此外，区域销售机构是总部独资和直属的，也不可能真正自负盈亏；盈利了区域销售机构团队可以分享利益，而亏损了则难以承担责任。这种体制安排之下，区域销售机构也会有多进货的愿望。因此，对总部而言，管理区域销售机构的关键在于控制其库存总量和库龄期限，加快其库存周转。一些家电企业某一段时间内出于冲量的目的，迫使区域销售机构过量进货（如一次进货相当于全年的销售量），事后清理库存时付出了巨大的代价。这些教训告诉我们：短期的、脱离客观条件的销售考核目标要不得。

制造商控股型区域销售机构面向零售商

制造商与区域流通企业（当地代理商/经销商）以及其他主体合资成立区域销售机构，是一种常见的做法。如果厂家控股，显然类似于厂家自设垂直分销体系，可以归入直营及直供（参看上节）。如果厂家的合作伙伴控股，类似于厂家与社会代理/经销商合作，则可归入分销。

这种厂商一体化的机制，在国内产生的一个重要背景是：一方面制造商需实施直面终端的扁平化渠道变革，另一方面又要顾及原已合作多年的区域代理/分销商的利益，以实现平稳过渡。组建合资销售公司，既可以在一个平台上融合各方利益，又可以充分利用当地代理/经销商的优势，甚至包括人才优势——一些厂家区域销售公司的总经理由合作方派人出任。因此，对制造商而言，这是一种高效率解决问题的方法。当然，在厂家控股的情况下，区域合资销售机构必须听从和执行厂家的意志。但只要是合资型的，上下游之间的合作关系必然是市场化的。因此，相对于厂家独资模式，厂家压货的难度要大一些，但并非完全不可能。

厂商共建区域销售体系，容易出现的问题是区域销售公司的其他股东有独立的利益要求，有可能在目标方向上和控股股东不一致。制造商的产品力、品牌力强势，销售顺畅、盈利可观时，合作各方不会有什么矛盾，厂家也可以主导合作规则。但若制造商的产品滞销、毛利下降，区域销售机构内部就会有冲突；制造商对区域销售公司的影响力和控制力亦有可能下降；仅凭利益纽带而缺乏企业文化和管理纽带，很难整合销售体系（由区域销售公司集合而成）的合资伙伴与厂家同心同德、共渡难关。在这种情形下，合资伙伴退股几乎是必然的；而对制造商来说，早知今日，何必当初？合资企业内部退出的成本较高，常常会影响市场运作的连续性和稳定性。

有些制造商为调动区域营销管理人员的积极性，同时为了解决内部管理的难题，让区域销售主管或团队成员入股（经注册登记真正入股或内部集资式的虚拟入股）区域销售机构。这是一种共享共治机制，但也有一些弊端：不利于制造商销售体系内部的人员流动以及利益分配的相对平衡（“肥沃”市场与“贫瘠”市场营销人员的激励水平差异过大）；如果参股的区域主管不能胜任，企业付出的代价（主要是机会成本）较大。

制造商与分货商合作的“准直营”

在实际的市场运作管理中，有些制造商常常面临这样的矛盾：一方面，需顺应通路扁平化的趋势与零售商（尤其是大零售商）直接合作；另一方面又需规避风险、控制自有销售团队人员规模。解决这一矛盾的出路在于采取一种既非代理分销又非直营，但又兼具两种模式特征的通路模式。其主要特点是：制造商将传统的代理/经销商定位或改造为分货商，或者与分货商合作，后者具有回款功能和物流功能——通常被称作平台功能。但市场运作和管理主要由制造商的区域营销团队承担，分货商也可参与其中，与厂家人员协同操作。也就是说，分货商不纯粹是第三方物流服务商，经营内涵更加丰富一些。它与传统代理/经销商的最大差异在于，基本上没有产品供价以及零售商利益政策的决策权（权力归于制造商的区域市场管理机构，如要求分货商按进价“平进平出”），收益不是来源于产品进出价差，而是制造商给予的服务费。

对制造商来说，这种做法的优点是显而易见的：利用了社会资源，化解了回款风险；规范了与分货商之间的合作关系，降低了双方之间的交易成本，同时又能掌控市场、接近终端。有可能出现的问题是，一方面通路长度并没有真正缩短；有时还会出现厂家业务人员与分货商业务人员在区域市场上的重叠现象，搞不好厂家办一件事花了两笔钱——既“养”了自己的机构和团队，又向分货商付出了“服务”费。另一方面，有些传统的代理/经销商出于利益和独立经营地位的考虑，会抵制制造商对其提出的“转型”要求，使这种做法的可行性受到影响。

制造商建构垂直零售网络

近年来，在家电连锁大零售商迅猛扩张以及“厂商博弈”的背景下，格力、美的、海尔等家电制造商建构的加盟型专卖店体系引起广泛注意。按理说，随着家电零售业的整合，家电厂家更应“归核”，专心致志做好产品的开发与制造。那么，是什么因素驱动部分家电制造商向下游纵向延伸、构建可控的、以加盟专卖店体系为特征的垂直流通体系呢？首先，家电制造商面对家电连锁大零售商的挤压，迫切希望能自主掌控部分零售资源，摆脱谈判地位下降、受制于人的不利局面；其次，属于弱势商业形态的广大中小零售商及其专业服务商（如家用空调市场上从事“工程机”销售、安装的商家），在家电连锁大零售商的冲击下，也迫切希望得到上游的支持和帮助。

尽管自建渠道方兴未艾，但不少人还是对它们的前景心存疑虑。深入分析的话，家电制造商“自建渠道”能否成功——其标志是专卖体系出货占总销售比例较大，大部分专卖店能生存下来，不仅取决于制造商的战略意图和决心，而且会受到如下因素的影响。

第一，厂家提供的品种数量。一般来说，如果品种较为单一，专卖店销售效率则较低，生存难度随之加大。由此看来，综合性家电制造商更适合开设专卖店。

第二，专卖店产品销售的毛利空间。这是专卖体系能够存活的必要条件。如果产品零售毛利较低，吸引社会商家加盟、驱动专卖店销售的能量较小。

第三，专卖店的价格优势。除非不和大连锁零售商合作或不在线上销售，否则它们的零售价格有可能成为整个区域市场的价格标杆。欲使专卖店零售价格有优势，要么对大连锁零售商或网上商店（无论自营还是他营）实施控价，要么给予专卖体系更低的供货价，这两点对一些制造商来说都难以做到。

第四，专卖店的利益保护。保护专卖店利益的关键在于保持良好的市场秩序，避免恶性竞争。这意味着厂家有时必须限制强势零售商的竞争行为或控制与强势零售商合作的宽度。由于大部分家电制造商已经对强势零售商形成了销售依赖，加之谈判能力较弱，因此，保护、改善专卖体系的生态环境殊为不易。

第五，专卖店的价值特性。专卖店可以给顾客带来许多独特的价值，如品牌的可靠性，沟通、服务的专业性，以及关系的持续性等。但它也有许多不及综合零售场所的地方，例如，顾客选择的多样性、综合服务效率以及卖场体验丰富程度等。除空调等产品外，其他大部分家电产品沟通、服务含量并不大，品牌之间的产品差异较小，专卖店很难形成独特的经营风格和价值区隔，也就找不到存在的理由。

第六，制造商的品牌吸引力。如果制造商品牌在消费者心中的地位超过零售商品牌，那么专卖店成功概率较大；如果相反，专卖店只能边缘化生存。

第七，加盟商的素质。专卖店能否有效经营，与当地加盟商的经营能力、资源条件有很大关系。对制造商来说，能不能与当地最优秀的加盟商合作，是专卖体系成败的关键因素。

第八，区域市场的零售格局。如果当地零售集中度较高，业已形成能左右市场局面的零售“寡头”，专卖店体系的生存空间则必然狭窄；同时，制造商也会为了维持与零售“寡头”的关系，在策略上控制专卖店的发展。换句话说，专卖业态比较适合于缺少零售领导者的区域（多为县城和乡镇）。

第九，制造商的管理能力。扶持、培育分布在全国各地（尤其以三、四级市场为主）的众多专卖店，对许多制造商来说，在管理上面临挑战。除了管理的广度、深度问题外，制造商的营销团队能否形成与基层经销商重复博弈条件下“双赢”的合作关系，能否以长期眼光耐心培育通路的生存环境等，都是不易解决的难题——涉及企业文化、策略能力等深层因素。

第十，制造商的销售管理成本。制造商自己扶持专卖店虽然能提升其与大连锁商抗衡的能力，但是有可能消耗厂家的资源，增加销售管理的成本。

第十一，制造商之间的竞争关系。如果制造商纷纷建设专卖店终端，彼此之间又开始了新一轮的通路竞争，有可能共同营造出有利于专卖店发展的气氛和环境，亦有可能使彼此之间的竞争更加激烈，各自消耗资源更多。因此，对于非领导型制造商来说，盲目地模仿别人大开专卖店，未必是最佳选择。

通过以上的分析，可以得出如下结论。

其一，加盟专卖店模式比较适合于家电制造商中的领导企业。

其二，加盟专卖店模式比较适合于知识含量多、服务含量大、差异化程度高的产品领域，如空调、家庭影院、厨卫设备等。

其三，加盟专卖店模式比较适合于现代家电零售业发育程度较低的区域，主要是三、四级市场。

其四，加盟专卖店模式在家电产品总体流通格局中处于辅助、次要位置；“厂商分工”将是家电产品流通的基本趋势。

其五，对大部分家电制造商来说，渠道策略重点并非建设专卖体系，而是理顺和各类零售业态的合作关系，保证零售体系整体效能最大化。

其六，家电制造商加盟专卖店模式，会对大连锁商的行为产生影响。在复杂的“厂厂竞争”“厂商竞争”“商商竞争”的背景下，它或许是部分家电制造商与大连锁商关系改善的契机和杠杆。

第七章

Chapter 7

深度分销成功的关键

深度分销生成的土壤

深度分销是我国一些著名消费品企业和品牌开拓本土市场行之有效的营销模式，是一些新兴企业迅速成长的强劲助推器。近年来由于深度分销在实践中暴露出投入大、管理难等一些问题，有些从业者对这些模式是否必要、能否长期存在、是否适用于中小企业等提出了疑问。在笔者看来，在未来可预见的相当长的时间内，深度分销仍然具有生命力，因为它是我国特殊市场环境的产物，是基于国情的“中国式”营销的典范。

现在，我们简要地概括一下本土消费品市场的主要特征。

其一，幅员辽阔，人口众多；消费者密度较大。

其二，市场立体化，从发达大城市到欠发达乡村层级较多。

其三，消费者细分丰富；相当多的消费者理性程度和知识程度低。

其四，零售、分销集中化程度低；流通格局不稳定；渠道素质参差不齐。

其五，存在过度竞争；价格战蔚然成风；“破坏”性竞争层出不穷。

其六，许多行业仍有众多品牌，产业集中度较低，小品牌此起彼伏。

其七，市场秩序混乱，厂商均存在不规范的市场运作。

其八，广告轰炸，信息密集，事件营销丰富多彩，卖场“秀”如火如荼。

其九，终端争夺激烈；终端建设步步升级；终端投入居高不下。

其十，产品“概念”切换迅速，行业模仿效应较大。

这些市场特性迫使中国本土企业探索在本土市场上行之有效的独特营销策略组合。例如，要对产品的“拉力”和“推力”双重关注；需开发、利用优质通路资源，更有效地管理通路；维护市场秩序和利益格局，提高通路的满意度和积极性；需有效掌控零售终端，提升终端竞争力，确保“小闸口”有效出水，并对竞品进行阻击；需扎根基层，将对通路（分销和零售）及传播的控制延伸到三、四、五级市场；在沟通传播上贴近、融入顾客，进行密集式传播，深化与顾客的关系，引导和影响顾客等。

深度分销的操作要点

深度分销是时代的产物，是对本土市场竞争特征的适应，也是对本土市场竞争要求的回应——只有这样竞争，才有可能取胜。基于上面的策略组合，将深度分销的操作要点总结如下。

第一，划分小分销区域（适度的“小”）：在与社会分销商合作模式下，将分销商（代理/经销商）辐射半径缩小至地、县范围。在自设或控股区域销售机构模式下，设立密集的区域销售机构（如地级公司或经营部）。

第二，扁平通路长度，尽可能采取直营（直供）或者半直营（直供）模式。

第三，在分销、零售两个层面策略性地确定渠道组合，保证和提升渠道体系整体效能。

第四，服务零售商，充分管控零售终端；在零售场所拦截顾客；同时持续激活终端，保持终端热度。

第五，合理安排物流、商流、信息流的组合；流通价值链按零售终端订单以拉动的方式运行；根据终端客户需求，多频次、少批量敏捷配送；提高流通价值链运行速度。

第六，动态调节各环节渠道的利益，维护合理的利益格局；通过规范市场秩序，防止恶性、无序竞争对渠道利益的冲击。

第七，深化与渠道的关系，形成渠道壁垒——将竞品屏蔽在优质通路之外。

第八，以零售终端为依托，按照“营销决战在店外”的理念，将“现场”的范围扩大至顾客流量所在的任何可能场所（广场、小区等），通过各类主动营销活动和事件，充分掘流、引流。

这种结构化的、整体性的市场深耕模式，其主要特点：一是注重通路的可控性，掌控流通价值链。二是与消费者对接，市场运作触及市场的深层。三是严格、细致的市场管理。四是人员较多的劳动密集型营销。

从操作角度看，深度分销有许多难点。其中最主要的难题有两个：其一，深度分销意味着密集式市场开发和运作，必将增大营销团队的管理难度。换句话说，只有能够建设、驾驭、管理庞大营销团队的企业，才有可能实施深度分销。其二，深度分销需投入较多资源，但如果投入不能带来相应的产出，它也就失去了意义。也就是说，通过市场深耕，必须多打“粮食”。

正是由于这两个难题的存在，深度分销的真正践行者少之又少，成功者最终可能成长为市场的领导者。

“人”是深度分销的关键

在深度分销运作中，“人”（团队）起着关键作用。尤其是一线业务人员，无论是管理代理商或经销商，还是管理零售商，都需要有更强的专业能力。不光是执行能力，更重要的是要具备制定长远策略的能力。

举个例子，在深度分销策略组合中的零售商结构优化环节，一线业务人员需要做到以下几点。“扫街”并整理出零售商一览；确定零售商组合方案，分层次，分重点，考虑各零售商的战略定位；对零售商进行分类管理（重点、次重点和非重点）；关注零售业态及趋势，平衡不同业态之间的关系；合理确定零售商宽度（铺货率），避免掉入“陷阱”（确定宽度时，要考虑零售业格局，价格稳定性，零售商边际毛利率及满足度，自身的任务和支持）；设计零售商组合与战略“攻”“防”的关系等。这就要求他们花很大的力气去思考和设计解决方案，并坚持不懈地推进、落实。

再比如，深度分销时，需提高渠道伙伴的满意度。而这又取决于渠道管理中的利益机制和文化机制。以零售商为例，利益机制主要包括以下七个方面。

一是产品销售效率；

二是产品品牌影响力和市场基础；

三是产品品质及服务保障；

四是产品毛利空间和利益实现方式；

五是配送服务质量；

六是与零售商战略目标、定位的契合度；

七是终端资源和促销活动。

而文化机制应包括以下主要内容。

一是向零售商输出管理，进行培训辅导，传播企业文化；

二是提高问题的解决速度和程度；

三是重视对零售商的承诺兑现；

四是重视与零售商的沟通与互动；

五是超越一般生意关系，结成策略联盟。

显然，欲完成这样的任务，一线业务人员需有较大的自主权，也需有较高的综合素质。一线业务人员需进行新的角色定位：第一，突破以往思路，创造性地提出包括渠道问题在内的营销解决方案，这是策略师的角色；第二，提出目标，对目标实现过程进行指挥和组织，这是指挥员的角色；第三，严格执法，维护市场规则，这是裁判员的角色；第四，传播企业文化，充当客户顾问，对渠道伙伴进行培训，这是培训师的角色；第五，处置突发情况，解决疑难问题，这是救火员的角色。基于这样的定位，需对销售人员进行系统的、针对性强的培训。

有的朋友也许会问：难道深度分销的责任主要压在一线人员的身上？当然不是。实际上，企业运作深度分销，要有充分的准备，实施过程中需要协调管理的环节很多；总部的策略制定、计划调控、检查督导、支持服务等职能和作用是很重要的。深度分销，从组织形态有平台化的意味。一线业务团队类似于特种部队，装备精良，训练有素；平台则是投放和保障系统。根据一线业务团队的要求，平台给予“弹药”等方面的支持。

在总部所有的管理职责中，营销团队的文化管理则是重中之重。这是因为：深度分销要求营销团队需像农民那样，在日常耕作中，细致、认真、务实投入，不辞辛劳，敬业勤勉。这种精神、态度和价值观，是深度分销的必要条件。此外，为保证整个渠道利益体系的稳定和规范，总部需具有强有力的市场秩序控制能力和交易规则的管理能力。而这背后，也涉及企业的价值立场和愿景。

深度分销难题的解决之道

中国企业的营销实践证明，深度分销利于新兴企业迅速提高市场份额、度过生存期乃至成长期。那么，已经进入成熟期的企业怎么办？往往到了这个阶段，它们所面临的外部环境和内部因素都有了变化，需求增量越来越小，参与竞争的企业实力都较强；营销投入的边际产出递减，市场越来越难做——富矿已经采完，开掘零散的、含量低的贫矿投入大，但产出少、见效慢；同时，组织老化、复杂化问题出现，销售人员激情往往也有所衰减。

如何破解这些难题？从一些企业的成功经验看，解决方法主要有：首先，改进和强化内部激励和培训机制，以此推动人员结构优化，促进人均销售效率提高，促使销售团队持续保持“开荒者”的创业冲动和激情，坚忍不拔地长期推进“精耕细作”。其次，随着市场份额提升以及品牌影响力的扩大，根据代理商、经销商的进步、变化，调整其所辐射的市场区域，给予某些优秀代理商、经销商更大的区域市场空间；同时，指导、帮助代理商、经销商，使其经营素质、管理能力不断提高，可以承担更多的市场管理职能——既包括“Sales”管理职能，也可包括“Marketing”管理职能，并按照厂家的要求建设业务团队、进行深度分销。再次，企业对投入的控制要更严格、更规范，比如强化预算管理和费用管理；在人力资源管理上可尝试新的做法，例如减少总部委派的业务人员，招用部分本地化人才，这样人力成本可以低一些。另外，对于区域分支销售机构管理体制，应增加内部市场化的含量，尽可能采用“自律”机制，减少管理成本。最后，采取“产品和渠道两个要素互动”的策略，有节奏地推出新产品，优化产品的销售结构，提高盈利水平，增加团队的信心，保证渠道商的利益。

后深度分销时代的厂商均衡分工模式

近年来在快速消费品、消费类电子产品领域成功的国内制造商，几乎都有一个共同的特色：向流通领域渗透延伸，自主进行市场运作和管理。它们要么既广又深地设立区域销售机构，取代社会代理商，直接向零售商供货并管理零售终端；要么将代理商职能限定在一定的范围之内（如作为资金、物流平台），直接掌握、服务零售终端。同时，将市场运作和管理的区域收缩，组建规模庞大的营销组织和团队，对市场进行精耕细作式的开发。这就是本章前面所分析的、人们耳熟能详的深度分销。

对流通领域的深度介入，是国内制造商市场份额优势迅速提升的有力武器，是其营销优势的来源，是许多外资企业所望尘莫及的中国功夫。它以厂家与渠道能力不对称为前提，依赖于厂家强大的渠道网络管理能力、人力资源管理能力以及企业文化的整合能力。但是，从家电、手机、日用化工、食品等行业某些国内企业近来的遭遇看，深度分销模式遭遇诸多问题：第一，随着竞争加剧，产品价格降低，厂家很难长期支撑居高不下的销售费用；第二，随着渠道规模扩大、能力提升、厂家自有营销组织的效率往往不及专业流通企业；第三，庞大的营销人员规模，几乎超越了厂家管理能力的边界。对已达到一定销售规模和市场份额的较成熟的企业而言，“深度分销”可能依然有效（有些成本在先前的高利润时代已经摊销了），但对资源有限的新军以及中小企业来说则很难延用。

目前，除深度分销之外，厂商均衡分工模式，显示出一定的优点。其主要特色有以下几点。

第一，慎重把握直供宽度。顺应流通业尤其是零售业的业态演变和结构调整，与一些零售巨头进行直供交易；但同时慎重确定直供宽度，大量的零售商和网点仍由经销商（代理商）去覆盖和管理。同时，厂家业务人员对主要零售终端仍保持有效的管理，提供适度的服务。

第二，培育渠道伙伴。厂家和渠道伙伴均衡合作，厂家不再承担过多的流通职能；经销商/代理商能做好的，都交给其去做；能利用社会资源的，就不越俎代庖。相应地，不一味缩减经销商/代理商的规模和经营区域，不弱化经销商/代理商的职能。一方面重新注重和大经销商/代理商的合作（以前“深度分销”模式下，厂家通常与小区域的中小经销商或代理商合作）；另一方面致力于对渠道成员的专业培养和辅导。

第三，打造专业化而又相对精简的团队。厂家区域市场管理机构和人员规模都控制在一定范围之内；人不在于多，而在于精，努力打造一个专业化、高素质同时又相对精简的营销队伍。厂家通过政策杠杆和管理手段，有效地推动高素质营销团队开展销售活动。

第四，保持市场操作模式的灵活性。厂商均衡分工模式的特点是可进可退。“进”意味着延伸至深度分销，“退”意味着恪守厂商分工。何时“进”“退”，何处“进”“退”，则可根据客观市场环境、竞争要求和厂家自身的资源条件等因素决定。而深度分销的问题在于“进”易“退”难，一旦削减人员，收缩阵地，就很可能影响销售势头和既有的优势。

需要指出的是，不能认为厂商均衡分工模式是对深度分销的超越。在某种程度上，它是深度分销的进化，既达到同样的效果，又更多地利用了社会资源。而对很多中小企业而言，它是因能力限制无法实施深度分销的次优选择。

第八章

Chapter 8

立体复合渠道模式

两个“复合渠道模式”案例

前几章分别谈到直供、分销以及深度分销等流通模式或渠道模式。实际上，在快速消费品、消费类电子产品（如手机、电视、数码产品）等领域，企业往往采取复合渠道模式，即多种流通模式并存：既有直营，也有分销，甚至包括直销；既有线上流通模式，也有线下流通模式。复合立体模式的出现和存在，主要有两个背景。一是随着消费者细分程度的提高以及零售业态的丰富，单一的流通模式不足以覆盖所有的或大部分的消费群以及零售卖场、网点；二是厂家在渠道变革的过程中，原有的渠道体系和新导入的渠道体系（如线上渠道）同时存在，从整个渠道体系的横截面看，呈现出“多元”“复合”的特征。

我们先看某饮料企业的通路结构（见图 8－1）。

图 8－1 所示的渠道结构具有以下两个特征。

第一，针对多种零售业态以及细分顾客群，分别设计开发渠道模式。对于机关、学校、大型企业等集团顾客，厂家上门直

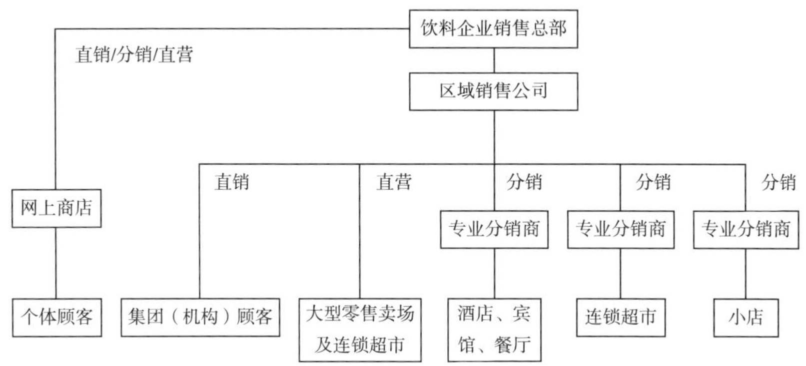

图8－1　某饮料企业的渠道结构

销；对于喜欢线上购物的人群，则由网上商店去覆盖和服务；对于大型零售卖场及规模较大的连锁超市，可以直接供货；对于一般超市，酒店餐厅以及数量众多的小店，由分销商去辐射。这种复合结构，既能够有效覆盖，又能够分类管理，有利于在每种零售业态中都取得一定的竞争优势。

第二，网上商店，有的是厂家自营的——这意味着厂家直销；有的是线上经销商从厂家直接进货经营的——这意味着厂家直营（直供）；有的是线上经销商从线上分销商（批发商）那里进货经营的——这意味着厂家分销。当然，对厂家来说，线上渠道的形态和宽度是可以有所取舍的：可以只做直销，或者“直销＋直营”；也可以只做直营，不做直销和分销；还可以采取“直销＋分销”的模式和“直营＋分销”的模式等。

第三，在分销体系中，选择专业性的分销商分别面对不同的零售网络。这里所说的“专业性”，实际上就是“专门”的意思，即专门服务特定的零售业态，它们彼此的势力范围不交叉。将分销商进行区隔，有利于防范渠道冲突，发挥分销商的专业优势，促使其在“自耕地”里做深做细，提升销售业绩和效率。

我们再来看看某外资手机品牌的渠道结构（见图8－2）。

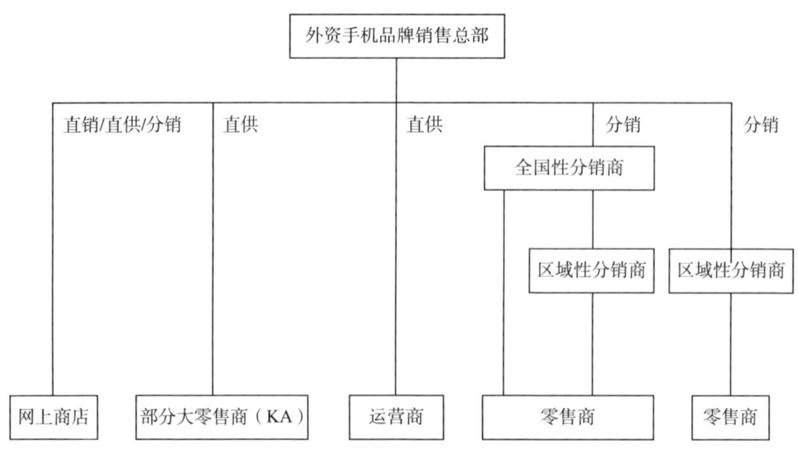

图8－2　某外资手机品牌的渠道结构

几乎所有的外资手机品牌的流通模式最初以“大分销”（选择几家全国性的大分销商）为主。近年来，手机市场竞争环境的变化主要表现在两个方面：一方面零售业集中度不断提高，运营商对手机流通的介入加深；另一方面某些国产手机通过扁平化、密集式的渠道策略取得一定成效。这种变化使得一些外资手机品牌对原有的渠道体系进行变革。

第一，大力拓展直供。直接向各地的零售巨头和移动运营商供货；如果在回款、配送等方面存在障碍，则引入和利用具有资金实力和配送能力的合作伙伴（它们的定位是服务商或分货商）。

第二，开发、利用区域性分销商（主要是省级分销商；个别外资品牌试图将管理的触角延伸至省级以下分销商），既缩短了渠道总长度，也增强了制造商的谈判地位。有的外资品牌将省级分销商定位为资金、物流平台（即前面提及的服务商或分货商），而零售网络规划、零售商服务与管理、零售终端建设与维护等工作则主要由厂家业务人员负责，这属于真正的深度分销。

第三，为利用全国性分销商的资金优势和网络资源，同时也为了在这一层面抑制竞争对手，仍然给予其一定的生存空间（不同品牌对全国性分销商的倚重程度不同），但控制全国性分销商在厂家销售“总盘子”中的份额。在和全国性分销商合作时，分产品品种对其进行不同的定位。也就是说，对某些产品品种而言，全国性分销商是资金、物流平台；而对另一些产品品种而言，全国性分销商则是功能较为齐全的代理商甚至经销商。这样做，保持了与全国性分销商合作的主动性和灵活性，也有利于调节与全国性代理商的利益及合作关系；还可以平衡全国性代理商之间的均衡，调动全国性代理商的积极性。通俗地说，“给点骨头给点肉”，使自身在复杂博弈结构（厂厂博弈、产商博弈、商商博弈）之中保持有利地位。

近年来，苹果手机在中国市场采取了纵向分层次和国内渠道合作的模式。在分销层面，引进资金实力强的全国性分销商；在零售层面，引进具有零售管理经验的经销商，在较大区域（数个省市区）范围内开设苹果手机专卖店；在零售终端管理层面，引进专业机构提供服务。这种厂商分工模式是外资品牌基于中国市场特点和自身优势，对深度分销的创新。

复合通路模式下的渠道重心

复合式渠道模式既反映了市场环境的复杂化，同时也是厂家渠道变革的产物。它无疑增加了厂家渠道策略制定和渠道管理的难度。而多业态下的渠道重心安排，则是渠道策略和渠道管理的难题之一。

多种零售业态并存的情况下，哪些是重点，哪些是次重点，哪些是非重点，分别采取何种流通模式，这是重要的渠道策略问题，它涉及渠道政策以及资源配置。厂家在安排渠道重心时，需考虑渠道体系的整体效能。也就是说，需把握好各种业态、各种渠道模式之间的均衡，使之各得其所，共同发挥作用。如果冒进激进，把渠道重心完全放在新兴业态上，有可能失去传统业态的隐而无形但不可小视的市场份额。近年来，随着大型连锁家电卖场的兴起，一些家电厂家在资源、政策上向它们倾斜，失去了大城市以及二、三、四级市场上中小家电零售商的支持，既降低了自身的谈判地位，也丢失了应有的市场空间。反之，如果因循守旧，不正视新兴业态的成长性和未来意义，不与新兴业态有效对接，也会丧失市场机会。

在复合通路模式下，一个重要的问题就是线上通路和线下通路孰轻孰重的问题。换一种表达则是：究竟是从线上向线下引流，还是从线下向线上引流。这要视目标消费者是以线上购物为主还是以线下购物为主而定。对大多数以线下销售为主的消费类品牌而言，将线上流量引向线下零售场所，显然更有价值一些。“双 11”时，有些品牌将线下交易流量人为地引向线上，主要目的在于博取线上注意力资源；但如果没有增加流量并反哺线下，其实意义不大。

从动态角度看，厂家还需处理好重心的转移问题。在随着流通格局、零售业态变化调整渠道重心时，应平滑过渡，处理好新的业态以及各类渠道客户之间的利益关系，朝着正确的方向循序渐进地发展。

渠道体系内部冲突管理

多种渠道体系并存，无疑会增加制造商渠道体系内部的冲突（例如，直营体系和分销体系之间的冲突、线上通路体系与线下通路体系之间的冲突）以及个别渠道之间（分销商之间、零售商之间）冲突的可能性。冲突的主要表现通常有：首先直供大零售商或线上商店零售价格较低（它们往往可以从厂家获得较优惠的进价、返利等利益政策；或者线上零售寡头强制降价），冲击分销体系中的中小零售商；其次，分销商“窜货”，从而导致整个渠道体系中价格不稳定、利益格局不稳定。这必然导致全体渠道成员信心和销售意愿的下降。渠道冲突如果不能有效地避免和控制，则会引发渠道体系的崩溃，甚至迫使厂家退出市场。目前，有的外资手机品牌已经出现渠道合作意愿下降的问题，主要原因在于不同渠道（分销或零售）中产品价格的“水位”（即产品进价）不同，使高“水位”的渠道的利益受到损害。从动态角度看，价格水位不同，必然导致渠道中的水流波涛汹涌，后浪追扑前浪——产品价格越来越低，渠道根本不可能形成稳定的预期。

在复合渠道模式下，控制渠道冲突的主要方法有以下几点：第一，向不同的渠道体系提供不同的产品品种，即用产品区隔渠道。最好的做法是，根据目标市场区隔来进行产品区隔，比如为网上购物人群专门提供专漓品种。第二，控制不同渠道体系的供货价，例如，若要保护分销体系中的中小零售商，则可以适当提高向直营零售商的供货价，使之无法降低零售价格或向外分销；有条件的话可以直接管理各种零售业态的零售价。比如，控制线上零售价格和线下零售价格之间的差距。第三，选择并管理分销商，一方面开发有理念、有原则、有诚信的合作伙伴，另一方面注重规则管理，严防窜货，加强对市场秩序的维护。

渠道冲突问题，本质上由厂家的政策导向以及市场管理引发。如果销售目标过于激进，过于短期；如果对渠道结构缺乏整体性、系统性思考；如果从自我利益本位出发，不考虑或较少考虑渠道伙伴利益；如果把销售运作的重心放在压货和渠道提货上；如果市场操作不能摆脱粗放性；如果企业文化管理薄弱，业务人员心态不正（投机、短期、本位）、原则性不强、执行不到位，就不可能解决渠道冲突问题。

最后，需要指出的是，复合渠道模式以追求市场份额为隐含前提。如果不追求覆盖所有的业态、所有的顾客群，就没有必要采取宽度较大的多元渠道结构。

第三篇

渠道策略与渠道管理

第九章

Chapter 9

渠道策略新内涵

渠道策略的新内涵

与消费者结构变化相关的分销业、零售业结构性变化，是影响和制约制造商渠道策略选择的主要环境变量。流通成本上升、分销业整合、强势零售业态（尤其是线上业态）兴起……这些变化一方面使得制造商面对的市场环境更加动荡和复杂，需处理多重利益关系，另一方面也使厂家不得不遭遇来自下游的前所未有的压力。同时，制造商之间围绕渠道竞争的强度更大。在此背景下，制造商的渠道策略应融入新的内涵。

第一，把握流通模式演变的方向。从长期角度看，无论哪个行业，也无论什么企业，流通模式的演变有着清晰的方向和规律：流通环节趋短，渠道结构扁平化；商流、物流、信息流运动速度趋快；流通模式趋于多样化；厂商之间的分工深化；厂商一体化程度日益深化；产品的全价值链总毛利（包括制造商、分销商和零售商三个环节）趋减，各环节之间的毛利分布趋于均衡……制造商的渠道策略应以流通模式的演变方向为前提和依据。但在具体操作中，轻重缓急地把握则有很大的弹性。

第二，建立复合通路。制造商应顺应消费者收入分层化、需求个性化以及零售业态复杂化的趋势，建立多元、立体的通路结构，即针对不同的细分市场安排不同的通路（参见第十二章）。例如，有径直面向消费者的社区通路、楼盘通路、网络通路，有直接与之发生关系（直供）的大零售和连锁零售通路，也有借助分销商的中小零售商通路等；在每一种通路类型中，还可细分出具体的专业化通路形态。同时，调节各种通路之间的相互关系，避免各种通路之间的冲突。

第三，调控价值链合力。制造商应合理安排价值链各相关参与者，包括厂家、代理商、零售商、消费者之间的利益结构，保证利益的均衡化，使价值链按照顾客导向的运动方向形成合力（拉力和推力之和为最大值）；避免出现价值链断裂（推力不足）和需求受到抑制（拉力不足）等不合理现象。换一个角度来看，流通价值链上只要存在利益分布不均衡、不合理现象，改变价值链上的利益分布，就是一种有效的竞争策略，甚至是商业模式创新的契机。近年来，国产手机成功的主要原因之一就是增强了渠道动力。

第四，避免掉入零售陷阱。由于我国零售业集中化程度低，零售商之间的竞争异常激烈，制造商很容易掉入“零售陷阱区”（见图 9－1）。

在图 9－1 中，曲线（销售量）的内在逻辑是销售规模的扩大，在零售业分散的前提下，必然意味着零售宽度的增加（铺市率提高）；宽度增加，会诱发、导致产品零售价的不稳定和下滑；最终结果则是零售商普遍无利，销售意愿下降，甚至将产品驱逐

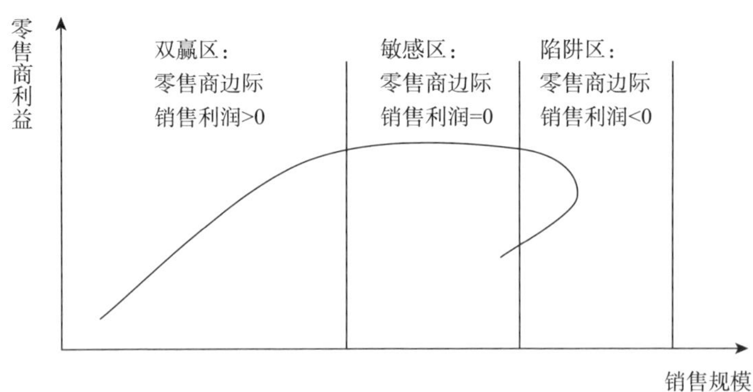

图 9－1　销售规模

出去。（在陷阱区的前半段，销售规模仍有可能维持短期的增长，零售商倾销排空。）欲避免掉入“零售陷阱区”，一方面需对零售商宽度进行规划（显然，并非越宽越好；参见第 14 章），另一方面，需通过差异化产品供货安排（即给不同零售商不同的品种）以及零售价格管理等手段使各个零售商的利益都有一定保证，使整个零售体系既有稳定性，又有对环境的动态适应性；同时，处理好“点”（重点零售商）和“面”（广大普通零售商）之间的关系，找准平衡点。尤其要注意避免因无原则迁就某些零售商而掉入陷阱。

“零售陷阱区”的存在，是密集式、人海式市场管理方式的原因和背景。图 9－1 中“双赢”边界的扩大（右移），必须是两个矛盾因素的结合。零售宽度较大，同时零售价格较稳定。而这依赖于厂家或者其分销商对众多的市场人员细致、频密、富有力度的管理。

第五，注重产品和渠道两个要素的互动。营销环境的变化，如消费者理性化程度提高，零售业的整合，对我国制造商营销战略最重要的影响是：需从以渠道为中心的营销模式转向以产品为中心的营销模式，即营销优势不仅仅依赖于渠道和网络，而是更多地凭借产品本身的价值和吸引力。在此原则下，制造商的渠道策略和渠道管理应注重产品和渠道之间的相互关系，使两者相耦合、相关联、相协同，共同推动、促进销售。一方面，产品的企划、开发、制造，应适应不同业态、不同通路的特点和需要，例如向某种业态提供特制品种和型号；另一方面，根据产品线的结构以及产品的特点来设计和管理分销、零售通路体系。尤其要将零售终端的建设与产品销售结构有机结合起来，提高终端的出货效率和出货质量（尽可能地多销售高附加值产品）。

第六，动态调控渠道行为。新的竞争形态要求厂家准确评估渠道伙伴，优化渠道结构，精心调节价值链上相关成员的利益关系，把握好不同业态、不同商家之间的平衡，精确调控商流、物流和信息流，保持通路体系的相对稳定，避免其功能的衰减。一方面策略体系细致、周全、准确；另一方面执行到位，落实至“基层”和细节。从动态看，应对市场变化和竞争对手的动向有敏锐的感知，按照在博弈中超越对手的理念，及时调整渠道政策，有节奏地调控渠道行为、驱动销售。实践证明，哪一个厂家动态调控渠道的时点更准确，节奏更合理，政策更受欢迎，哪一个厂家就能把握市场的主动。

零售巨头崛起下的厂家应对

近年来，零售业态在复杂化的同时，内部结构也发生了剧烈变化。强势业态迅速成长，其中的零售业巨头（包括线上巨头）乘势崛起。它们谈判力强，挤逼上游厂家利益，使得厂家的策略性回旋余地狭窄。同时，零售巨头在全国范围内发展，冲破厂家区域性市场管理格局；在零售业整合过程中，价格战、促销战是竞争的主要形式，而这无疑会殃及上游厂家。此外，零售业竞争关系错综复杂（如全国性巨头之争、全国性巨头与地方性巨头之争、地方性巨头彼此之争、巨头与中小商家之争，以及线上巨头之争、线上线下巨头之争等），厂家平衡起来非常困难。

零售巨头的崛起，本质上是产品大规模同质化的产物。它对制造商构成伤害，但同时又在直接、间接帮助大制造商更有力地进行产业整合。所谓“直接”是指零售巨头对中小厂家形成了渠道壁垒——它使中小制造商渠道成本增加，也使一些不能满足其多种要求的中小制造商的产品被屏蔽在主流零售场所之外，这实际上有利于大制造商市场份额的增加；所谓“间接”是指面对强势零售商，厂家为获得对等地位和未来竞争优势，会致力于做大做强，会更加关注市场份额目标，挤压同行业中的中小对手。总的来说，零售业的集中化整合，对处于领导者地位的大制造商相对有利，对生产差异化产品、面向细分市场的补缺型制造商冲击亦较小，而对既无规模优势又无独特产品价值的中间制造商冲击最大。

面对零售巨头，制造商的主要应对之策有以下几点。

第一，“体大”为先 ，产品为本。所谓“体大”，指经营规模庞大以及在行业中的优势地位。相对而言，零售业开放、整合对处于领导者地位的上游供应商有利，因为这种状况提高了领导者的销售效率，降低了其市场运作的成本，帮助其抑制了中小竞争对手。对长期受制于国内低效率流通体系的外资产业巨头（如宝洁、雀巢、可口可乐等）而言，这种变化是其提高市场份额、将优势延伸至二、三级市场的福音——也正是在这个意义上，零售业的开放对民族产业构成了一定的威胁。进一步看，零售巨头提出的种种苛刻条件，如昂贵的进场费和引流费、严格的配送要求等，使大部分中小供应商无力承担和分摊，或者由于能力原因达不到要求。这样，实际上对中小供应商构成了通路屏障，对大供应商提供了通路机会。合乎逻辑的结论是，供应商只有做大做强，才能获得与零售巨头对等合作的机会；而且从动态看，后者会帮助前者做得更大更强。

需要指出的是，“体大”并不仅仅指单一品类、品种的市场份额领先，而是包含有多品类、多品种综合经营规模较大的意思。试想一下，海尔如果没有集冰箱、空调、洗衣机于一身的综合实力，能与苏宁结成联盟之好吗？说得极端点，只有单一品类、品种优势而不走相关多元化之路的供应商，面对零售业整合的大环境，前途令人堪忧。

一些新兴的现代零售企业，经营逻辑不同于国内传统的商家，更加注重顺应消费者的要求，强调顾客导向（传统渠道商更加重视出于高利润考虑的对消费者的影响和引导）。它们于产品方面给予供应商的压力，一方面在于销量——更本质地说，在于产品价值（性能与价格之比）的竞争力，在于产品适销对路的程度；另一方面在于产品创新及上市的速度（这种压力直接源于零售商的动态品类、品种管理模式）。在此背景下，国内制造商惯常的投机主义经营理念和做法（即不重视消费者的需求和利益，过分借助渠道“推力”）将失去生存的土壤。因此，回归营销的根本，深入理解消费者，切实提高产品的价值优势，是上游供应商长期的、也是唯一的战略选择。

由于零售巨头之间存在竞争关系以及其自身亦有利润要求，因此，面向细分市场的差异化产品会受到它们的青睐。这也是中小制造商的生存空间所在。如何采取新的消费者分类方法，创造性地寻找出一个细分市场；如何通过产品功能的细化、叠合、延伸、递进，通过消费者与产品之间互动关系的改善来构筑差异，如何形成更加精准、奇妙的产品及品牌定位，是每个上游制造商（尤其是中、小制造商）必须解决的营销难题。差异化作为众所周知的竞争准则，做起来实为不易，成功者只能属于更快、更高、更强的优秀选手。

第二，“平衡”控局，保持底线。零售业态的变化是一个长期的过程。在重视强势业态的同时，需兼顾其他业态，既不过“左”（激进），也不过“右”（保守），恰到好处。在多变复杂的竞争结构中，按“平衡”原则处理多重竞合关系，控制、把握由渠道、顾客、竞争对手多个主体参与其中的市场体系大局。首先，平衡从制造商到用户整个价值链上各主体的利益；其次，平衡不同零售业态、不同商家之间的利益关系，对零售业的恶性竞争以及秩序混乱的局面予以干预和管理，避免、减缓业态和商家之间的水平冲突，维持流通价值链相对稳定的利益格局。在强调与大零售商合作的同时，把握利益底线，不急功近利，不火中取栗，不因短期目标和任务压力而出现行为扭曲和变形。既不以自我为中心，也不无原则的迁就。近年来，某些消费品品牌渠道体系出现崩溃，很大程度上是由于患上了大客户依赖症。反之，某些品牌之所以长盛不衰，很重要的原因在于兼顾、支持广大农村、城镇及中小城市的传统业态商家。总之，“平衡”意味着对原则、立场、底线的坚守，意味着理性、双赢、自律的态度和理念，也意味着智慧和分寸。

第三，耐心细致，灵活多变。零售巨头所代表的业态和商业模式无疑具有成长性和生命力。对此厂家应有客观、理性的认识，勇于顺应环境的变化，重视零售巨头的价值（如销售效率较高），以合作的态度，在接触与交往的过程中，积累经验，完善策略，优化流程，锻炼能力。

有争吵，也有妥协；有对峙，更有携手。博弈和合作并存，将是厂家和零售巨头双方关系的长期特征。因此，心态切勿浮躁、冲动，不能指望“毕其功于一役”；而要本着耐心细致，冷静理性，有理、有利、有节的态度，在“谈谈打打，打打谈谈”中动态地找到双方利益的交集和合作关系的均衡点，用策略、智慧和情义化解矛盾和冲突。有问题及时解决，对方有要求快速回应；在合作规则和原则允许的范围内保持一定的灵活性、机动性和弹性。

第四，完善策略，标本兼治。厂家的零售商策略应是系统性和整体性的，不能头痛医头，脚痛医脚，零打碎敲，进退失据。图 9 – 2 提供了一个实用的策略框架。

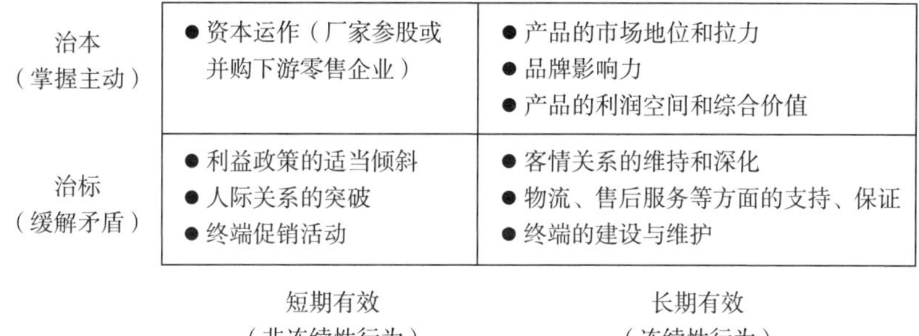

图 9 – 2　厂家的零售商策略框架

从图 9 – 2 可以看出，在零售业结构性变化的背景下，制造商的营销组合中，产品的地位提升。对国内企业而言，由此也提出了从以渠道为中心的营销模式向以产品为中心的营销模式转变的战略性命题。

第五，组织变革，双层对接。针对零售巨头在全国范围内的扩张和统一管理的体制，制造商一方面应进行组织变革，在总部层面组建专门的大客户管理机构与零售巨头总部对接，协调双方关系，解决重大问题，签订总体合作协议；另一方面要充分发挥区域性的分支市场管理机构（分公司、办事处等）的作用，与连锁零售商的每个单店协同配合，个性化地解决问题、提供服务，提高本企业产品在每个单店中的销售优势。制造商应做好总部与分支机构在零售商管理方面的权限、责任划分，既要避免过度统合，也要避免分散零乱。

面对零售业的整合，供应商需形成新的通路衔接方式，使厂商价值链协同运行，从而提高效率，降低成本，增加效益。制造商应改变流通模式，使流通结构扁平化，逐步实现与零售巨头在商流、信息流方面的直接交往（物流可由第三方承担）。在运行流程上，实现进销存信息共享和具有快速回应特色的柔性、精益配送。若由代理商（或经销商）对接零售商，制造商应切实帮助、引导、驱使它们实现从传统贸易商向现代化服务商的战略转型。

目前，一些零售巨头已前瞻性地认识到，处理好与制造商的关系，是自身竞争力的组成部分；因此，与产品适销对路、品质优异的重要制造商结成良好的合作关系，使双方从零和性博弈变为双赢性协作，将是这些零售商的基本策略。厂家自然会投桃报李，在差异化的产品供应、利益回报等方面，尽可能地给予零售巨头们关照。

结盟式新型厂商关系

零售业态的变化以及零售巨头的快速扩张，引发流通价值链的结构性变化，首当其冲的是从事批发业务的代理商和分销商。在这种情况下，有些短视的制造商往往不注重保护分销商利益，甚至损害、牺牲分销商利益，这必将影响其市场基础和长期竞争优势。

毫无疑问，零售业的变化必然导致制造商渠道结构的扁平化。厂家跨越分销商在商流、物流、信息流上与大零售商直接交往是大势所趋。尽管如此，由于我国幅员辽阔，市场的区域性差异较大，零售业集中度较低（这将持续很长时间），市场格局复杂多变，因此大部分行业中，分销商仍将发挥重要的作用，仍有较大的生存、发展空间。厂家应本着“融合、互利、共同成长”的理念与分销商建立新型的合作关系。主要操作有以下几点。

第一，平衡利益，创造价值。厂家和商家经过磨合后，在利益关系上应确定相对稳定的平衡点。通俗地说，厂家得多少，商家得多少，彼此都觉得比较合适。这个恰到好处的“度”，是制造商之间、分销商之间、制造商与分销商之间多重竞争、反复“试错”的产物。概言之，是市场竞争的产物。制造商不能违背市场的规律，一厢情愿地制定渠道利益政策。同时，制造商的渠道利益政策应在竞争中显现优势。

厂商之间互为服务关系，厂家为分销商提供的利益，创造的价值应是综合的、多方面的，有时甚至要提供“一揽子”的系统解决方案。在我国流通企业经营规模普遍较小，经营素质能力通常不高的背景下，厂家为渠道伙伴提供经营管理指导和训练服务显得尤为重要。厂家应切实帮助分销商实现经营模式的战略性转型：从“坐商”变为“行商”，从做贸易变为做服务；从粗放型的传统流通企业转变为信息平台、物流设施完善，高效、精益运行，经营内涵（尤其是服务内涵）丰富的现代流通企业。

第二，达成共识，规范关系。双方应对合作的规则（对双方权利、义务、责任的规定）达成共识，并遵守这些共识。这样减少了双方的交易成本。对制造商而言，面对竞争激烈、瞬息万变、混沌不清的市场环境，需减少与分销商的摩擦，将持续不断的短期博弈变为规范稳定的长期合作。制造商和分销商的合作规则包含多方面的内容，涉及销售计划、返利、销售奖励、回款、铺底、应收账款、价格等。其中，最重要的是价格方面的规范。

不同的合作规则，意味着双方合作的性质（代理、经销抑或分货，即所谓的资金、物流平台型代理），同时也意味着厂家对分销商功能的不同定位。从只作物流的服务商到全面承担营销、销售责任的全能代理商，对分销商的定位有很大的弹性空间。厂家可根据自身的销售模式、资源条件以及渠道素质、竞争环境等多种因素进行选择。

第三，运作协同，相互融合。在市场化交易的前提下，价值链一体化是制造商与分销商相互衔接的准则。一体化意味着融合，具体应体现在以下几个方面。首先，双方信息系统对接，基本管理工具一致；其次，针对市场运作中的重要变量（如零售网点布局以及 KA 零售网点规划，产品的零售商供货价及零售建议价，产品在不同零售网点的差异化供货方案，月度（季度）订货计划，促销计划和促销安排，存货处置方案等）进行协商，共同决策；再次，统一组织一些重要的营销及销售活动，双方配合，协同操作。

对制造商来说，能否真正做到厂商运作协同的关键有两点。一是管理理念和管理方法的输出以及双方的管理融合，例如，在同一市场上共同进行团队管理，双方的目标管理体系实现对接；

二是利用利益杠杆和有效的管理牵引分销商行为。运作协同的最高境界是制造商与分销商结盟，包括双方合建区域性销售机构，分销商局部（内部的分支机构）或整体加盟制造商，成为制造商虚拟垂直流通体系的组成部分。许多行业已有这方面的尝试和成功案例。

第十章

Chapter 10

不确定时期的渠道策略迷失

不确定的流通环境

近年来，在产业价值链中，国内生产最终消费品的制造商总体“话语”地位逐步下降，经营环境也在持续低迷中。下游流通行业的三大变化，就对制造商构成了重大的影响。一是零售业集中度快速提高，大型零售商迅猛扩张。二是线上电子商务涉及商品范围越来越广泛，在某些消费品品类中所占份额越来越高。同时，线上寡头电子商务企业大举进入线下零售领域，构建立体零售体系。三是分销业在产业价值链的两头挤压下，开始结构调整，分销商的生死进退几乎时刻都在发生。

在高度动荡和不确定的流通环境下，制造商稍有不慎，就会在风急浪高的险恶海域中迷航；反过来，如果厂家能顺势而为，避开险滩，在激流中周旋，则有可能超越面临相同难题的对手，获得生机。可惜的是，国内部分制造商的渠道策略并不清醒、也不合理，还犯了一系列错误，重则几乎将自己置于绝路，轻则使自身竞争优势受到严重侵蚀，可持续成长的基础受到影响。

分销商管理上的失当和不足

在流通行业的严峻形势下，首当其冲的是一些利用市场机会且依赖厂家支持成长起来的分销商（批发型经销/代理商），它们规模较小，经营管理素质较低，多在迷茫中拖延变革，或有转型之心而无操作之力，或以短期、投机的心态应付局面，或干脆以鸵鸟策略回避问题。其间只有少部分能果断地进行经营战略的转型，重视人力资源的开发以及信息系统、管理体系的建设，成为容纳多个品种、具有服务内涵的高效流通平台。而一些厂家缺乏对这个分销商群体进行前瞻性评估，未能及时更换一些明显跟不上行业变化、没有未来价值的分销商——主要原因是担心短期内销售业绩下降。不花大力气培植新的分销伙伴，其后果必然是渠道结构老化、效能下降，长期销售增长面临结构性障碍。而外部正在进行的分销业结构性调整，既对厂家造成冲击，同时也是厂家吐故纳新的机会。是否采取“休克”式的渠道疗法可以商榷，但厂家优化分销渠道的方向毋庸置疑，决心也不可动摇。

部分国内渠道策略保守的厂家，在耽于渠道调整的同时，对于一些不应淘汰、今后有可能长期合作的分销伙伴，没有给予它们稳定、清晰的预期。分销商预期的内涵是对厂家未来渠道模式、政策、利益机制以及自身的利益保证、职能定位的认识。预期决定行为倾向，分销商只有清晰确切地把握未来自己应该是什么、不是什么，了解未来厂商关系中哪些因素是稳定不变的，哪些利益是可预期并有保证的，才会有规范、长期、理性的合作行为。否则，必然是短期行为和投机主义。

制造商未能给予分销商稳定的预期，主要原因有几点：第一，随着流通业的剧变，厂家的渠道模式、通路策略需相应变化。但一些厂家对趋势如何、应达到何种目标以及如何实现目标心中没底，或患得患失、进退两难。厂家的这种游移不定，传递给分销商的信息必然是混乱、不确定的。第二，对于厂商之间的合作规则和利益准则，厂家从自我出发，政策多变，不讲诚信，增添了分销商的不信任。此外，厂家渠道政策不系统、不连贯，也会动摇分销商的信心。第三，厂商之间缺乏通畅、有效的沟通机制，分销商弄不清厂家的意图，影响了双方关于未来的共识。第四，厂家频繁地更换区域市场主管，导致区域市场运作的思路、做法经常变化，分销商无所适从，对未来犹豫迷茫。

在产业价值链中，制造商和分销商都受到挤压，相比之下，分销商更加困难一些。面对大型零售商咄咄逼人之势，厂商本应同舟共济，但有些厂家却把风险过多地转嫁给分销商，不仅没有雪中送炭，反而釜底抽薪：一是给予分销商的毛利空间过低。分销商得不到提升竞争力的必备资源，缺少战略转型的弹性空间。它们本来就实力薄弱，在苛刻的贸易条件下，更加积弱不振。二是安排给分销商的销售任务过重，有时为完成短期目标不择手段地“压货”。分销商的库存风险极大，有时甚至因此陷入绝境。三是将与大型零售商合作中的经营风险（主要是铺货、应收账款以及各种“苛捐杂税”）转嫁给分销商承担，使之进退两难：做，风险和盈利不对称；不做，又失去了市场空间。如此一来，厂家不合理的分销商政策必然导致核心分销商的流失，结果厂家还没对不合格分销商进行调整，优质分销商却已弃厂家而去，从而危及市场基础。

需要指出的是，长期以来，一些厂家在处理渠道关系时，过于注重利益层面的博弈，习惯于用利益调控渠道的行为，忽视了双方交往中的文化机制和知识机制。这导致厂商一些重大问题难以达成共识，也使得厂家不能在行业困难时期切实帮助分销伙伴提升能力。博弈论告诉我们，共同的知识背景或隐含的趋同认知，是博弈双方达成一致的重要因素。厂商之间的协同，很大程度上取决于两者的理念是否一致，对事物的看法有无交集。而有些厂家，对于见效慢、管理强度大、对人员素质要求高的分销商在培训、辅导、知识共享等方面，很少投入精力和资源，从长期看必然影响流通价值链的效率提升。

未能在大型零售商和中小零售商之间保持平衡

这或许是部分制造商近年来在通路方面所犯的最大错误。由于过于注重短期销量，一些厂家不能有效地在这两个零售体系之间保持平衡，资源向大型零售商倾斜，使其在产品品种、销售价格上均处于优势；又或投鼠忌器，对大型零售商的过激竞争行为制止不力。这对本来就在行业整合中苦苦挣扎的中小零售商造成极大的冲击和损害。而制造商在销售上越来越依赖于大型零售商，则导致投入其中的资源也越来越大。目前某些家电厂家在一些区域市场的销售，主要依靠少数几个“孤岛”，由中小型零售商构成的渠道体系却“沙漠化”了。

当然，大型零售商在整个市场上的地位提高是大势所趋，任何厂家都需直面这种现实，不能放弃与之合作。但是，在我国特殊的国情下，零售业的整合将会持续较长时间，中小零售商仍有一定的生存空间，涓涓细流可汇成大川。同时，对于下游流通业的变化，厂家并非完全无能为力，可以通过策略性的举措予以影响，对一些不利于自己的局面可以竭力阻延，为自身的发展多赢得一些时间和空间。有些厂家短期行为严重，考虑问题“忽左忽右”，一会儿声称要与大零售商结成战略伙伴，一会儿又主张建设专卖零售体系，进退失据，反映出策略管理能力较弱，以及战略认知上的缺陷。

坚持不同零售体系的平衡，很大程度上取决于厂家的营销竞争能力。培育、服务中小零售商，需采取深度营销和精细化管理模式，需有耐心、勤勉、细致、诚信的工作作风，需依托于高素质的团队和人员。这比运作几个核心零售商难得多，对于相当多的厂家来说，这是极高的门槛。

未能在线上零售体系和线下零售体系之间保持平衡

近年来，电子商务的大潮，几乎席卷所有的消费品流通领域。线上零售业态依托资本的力量，以极快的速度蚕食线下零售业态原有的销售份额。经营模式落后、顾客体验乏善可陈、竞争力及管理水平低下的传统零售业，节节后退，几无招架还手之力。在此情形下，不少制造商未能从整体上通盘考虑线上、线下两个顾客交互空间的最佳组合，未能动态地把握两个通路体系之间的平衡，结果陷入了线上、线下通路激烈冲突的陷阱，轻则导致利润下降、销量下降，重则严重亏损，甚至在渠道演变中被甩出了轨道——渠道体系崩溃。常见的误区有以下几点。

第一，片面地认为线上通路更有未来、更有前途，不重视线下零售通路的维护、服务及管理。当线下零售通路遭遇来自于线上零售业态的巨大压力时，不是坚定地站在线下零售商的立场上，和这些暂时受到冲击的弱势零售商携起手来共渡难关，反而任由其自生自灭，结果使自身多年积累的宝贵资源不断流失。

第二，受线上零售巨头言论及操作手法的影响，将线下宝贵的交易流量引到线上。而引流的方式往往是低价及促销（购买流量）。有的品牌，相同产品线上线下的价格差异达到20%甚至30%以上，这对线下零售网络的冲击和损害，是不言而喻的。很多品牌，本来80%以上的销售发生在线下，为了占比20%的线上交易而忽视、伤害线下零售体系，冲击线下渠道，而且往往造成巨额亏损，侵蚀自身长期生存发展的基础。

第三，有些制造商原本线下通路网络缺乏优势，电子商务一来认为改变通路困境的机会到了，孤注一掷地聚焦线上，代价巨大，在和线上线下全通路品牌的竞争中差距反而拉大。有些品牌在短期销售目标压力下，将线上通路作为短期放价冲量的途径；或者将其作为缓解库存的低价排空的“下水道”。这样做，短期可能见效，但从长远看，既伤害品牌也耗损线下渠道生存的基础。

第四，有些制造商在组合线上线下通路时，未对产品品类、品种以及价格进行适当的区隔——实际上是未对顾客人群、需求集合以及需求发生的场景进行细分，没有使主体通路产生1+1>2的系统效应，反而使主体通路的整体效能下降。

当喧嚣退去，当下许多品牌痛定思痛之后，开始优化网络、社群、终端（现场）三个与顾客发生交互关系或顾客进行价值体验的空间（既是媒体，也是渠道）的组合，并将交易功能在这三个空间内合理分布。如果三个空间均有交易功能，则根据顾客结构以及需求场景的构成，对产品、品种进行区隔。如果产品区隔没有必要或没有可能时，则控制线上线下不同渠道同类产品的价格差距。不人为地强制引流，而是根据现实的顾客流量特点，主动贴近顾客、挖掘顾客流量（参见《连接：顾客价值时代的营销战略》，施炜著，中国人民大学出版社，2018 年）。

“内部化”与“外部化”的两难选择

“内部化”与“外部化”是不同的销售组织和渠道网络形态。前者是指制造企业向下游延伸，采取不同的纵向一体化模式，比如，建立区域销售机构，取代当地的批发型代理/经销商，直接与零售商交易；或者将批发型代理/经销商改造为功能单一的辅助性服务机构，市场运作的主要职能由厂家自己承担；或者渗透零售层面，建设专卖店体系。

“内部化”的优点在于，制造商扎根于市场底部，基础牢固，可以在一定程度上避免社会渠道能力不济以及投机主义给自身带来的不利或损害。但是“内部化”最大的问题在于销售队伍膨胀，销售费用居高不下，管理复杂度和难度极大。有时“内部化”不仅没有提高效率，反而由于管理不力使内部的交易成本超过了“外部化”的交易成本，成了一种不经济的做法。但是，“外部化”方式（即遵循厂商分工原则和批发型代理/经销商合作，采取分销模式运作市场）也有明显的弊端。一方面，许多区域性渠道资金实力、经营规模、人员素质以及文化理念、管理水平达不到厂家的要求；另一方面，对国内一些厂家来说，渠道具有生死攸关的战略意义（在品牌力、产品力不能超越对手时，渠道是主要的、关键性的竞争要素和市场驱动因素），轻易退后而将市场交给渠道，并不完全放心。

“内部化”和“外部化”均有利弊，国内厂家往往陷入两难境地。解决之道只能是两者的“调和”。一方面，充分利用社会资源，用市场化方式与区域性代理/经销商合作，降低自身的费用和经营风险；另一方面，强调与商业合作伙伴的协同和一体化运作，加强对商业合作伙伴的管理输出和文化输出，增加对渠道的管理含量。此外为减少渠道的投机主义倾向，可选择一些价值取向趋同的对象与之结盟（比如，联合成立区域销售公司），通过“重复博弈”（长期合作）塑造其长期预期，减少双方的冲突，破解厂商之间的“囚徒困境”。

目前，在许多领域由于零售连锁巨头咄咄逼人之势不减，一些厂家试图培育能自主掌控的零售业态，如各类专卖店、加盟店等。但是，在大众化消费产品市场上，连锁卖场以及电子商务将是主流业态，这一格局及趋势短期内任何厂家都难以改变。适当开设一些专卖店进行形象展示，作为其他主流业态的补充，作为顾客社群的据点，有一定的价值和意义。

渠道变革的“休克疗法”

近年来，由于所处行业竞争格局以及外部流通环境的变化，不少制造商都在进行渠道变革和通路调整。有些品牌（包括外资品牌）动作较大，采取了较激进的变革方式，一举更换了大部分经销商或代理商。从实际效果看，短期销售业绩下降已是不争的事实；长期销售业绩的走向还有待观察。令人感兴趣的问题是，渠道变革非要“休克疗法”吗？

下面，我们先来看看“激进式”（即“休克疗法”）和“渐进式”（即“中医调理式”）两种渠道变革方式的各自特点（见表10－1）。

表 10－1　不同渠道变革方式的特征对比

激进式	渐进式
注重将来：渠道调整不过多考虑老客户的利益，主要从未来竞争需要的角度选择合作伙伴	尊重历史：考虑渠道伙伴的历史贡献，在渠道变革时尽可能顾及合作时间较长的老客户的利益
一步到位：短期内迅速实现目标，新旧模式硬性切换	循序渐进：根据目标分步实施，平稳过渡，避免引发市场业绩的剧烈变动
理想主义：坚持原则和方向，不向现实妥协，创造条件来实现目标	现实主义：考虑现实中的制约因素，顺势而为；可以适当降低目标和标准，灵活机动，可进可退

"激进式"和"渐进式"各自的利弊不言而喻。不同企业及其所处的不同境遇，决定渠道变革方式的选择。强势品牌的市场地位是其采取"激进式"的基本保证，中小企业很难如此"底气足"。同时，厂家在销售状况较好时，通常不必激进，渐进亦可实现目标；而处于市场逆境时，往往不得不改，不得不激进。

从一般性、规律性的角度看，笔者倾向于本土制造商采取平稳过渡的"渐进式"渠道变革。主要理由有以下几点。

第一，本土制造商的产品通常缺乏显著的、持久的竞争力，在其营销体系中渠道具有独特的地位。因此，厂家需与渠道形成长期的策略合作关系。尤其当厂家出现危机时，常常需要渠道的一臂之力。如果不尊重历史，不给予渠道伙伴长期合作的预期，容易引起渠道的短期行为和投机主义，不可能做到同舟共济、同甘共苦。在中国的国情下，尊重历史是一种"理"（理性）"义"（情义）交融的商业伦理。违背这一原则，最大的问题并不在于短期业绩的波动，而是厂商之间的合作规则不能确保双赢。若干年前，美的空调从"代理制"向"直营制"转型时，没有将原有的代理商全部丢弃，而是通过组建厂家和代理商双方合资的销售公司，兼顾代理商的利益，防止市场业绩下滑。

第二，本土制造商由于竞争力的脆弱，大多经不起销售业绩的波动。在产品同质化的情形下，某个产品的市场地位一旦下滑，其他品牌的同质化产品就会充填市场空间。欲将已下行的销售曲线重新拉升殊为不易。因此，本土制造商在进行渠道变革时，应小心谨慎、如履薄冰。销售业绩不下滑或不急剧下滑，往往是厂家渠道预见性调整的前提。操作时应在目标指引下，积小步而致远，在水波不兴中实现销售策略的转向——要做到这一点，需有高超的策略水平和平衡能力。即使像三星手机这样的有一定市场地位的品牌，近年来变革通路时，也没有一步到位，而是循序渐进，转弯的角度并不太大，如逐步扩大直供范围；继续保留少数“国代”以满足大流量销售的业绩要求；将省包改造成具有服务功能的分货商，等等。

第三，国内流通业的现状很难使本土制造商产生理想主义的情怀。众所周知，国内分销企业大多规模不大，竞争能力低下。厂家对渠道伙伴的选择不能脱离这一现实。我们无法坚持既定的最优标准——要么选不到，要么选到一些表面上符合要求但缺乏真正行业经验的客户。一些著名的外资快速消费品品牌，对分销商资金、能力的要求如此之多，给予它们的利润空间如此之小，分销商经营风险如此之大，又有几个候选者既能胜任又有积极的意愿？当然，有个金字招牌，吸引力自然较大，但对大量的国内制造商来说，只能现实一些、灵活一些，合适就是最好的。

笔者建议本土制造商采取“渐进式”的渠道变革方式，并不意味着消减变革的决心和勇气，进而停止变革的步伐和进程，而是从操作层面提醒国内企业注重可行性和成功的概率。更深一层意思是，厂家切不可过于自我，不能缺少换位思维。有些在市场上暂时领先的本土制造商不能对自身的地位和优势有过高的估计，否则在渠道变革时一方面容易不尊重渠道利益，另一方面容易采取过于激进的“休克型”方案。

在这里有必要对“抓大放小”的渠道调整思路谈谈看法。出于提高效率、降低成本、简化管理的考虑，一些著名品牌，近年来都在进行撤小（分销商）求大（经销商）的尝试，从长远看，方向无疑是正确的。但在目前市场环境下，“抓大放小”应该慎行。首先，渠道结构做小很难，变大极易，过于强调“抓大放小”很可能使多年形成的通路基础受到损害；其次，“变大”容易降低企业在终端层面的竞争力，给了以渠道管理见长的竞争对手机会；最后，对大部分本土厂家来说，成本等并非市场运作的首要目标，比这更重要的是产品的市场机会、品牌资产和顾客资产增值，以及企业的可持续性发展实力。

第十一章

Chapter 11

渠道选择和开发

优化渠道体系的操作要素

“精细化”是很长时间内我国企业界管理变革和管理提升的主要方向之一。这一原则同样适用于制造商的渠道管理。这里的渠道，既包括分销（批发）商，也包括零售商。换个角度看，既包括代理商，也包括经销商。

从操作角度看，精细化渠道管理的起始环节以及构建整体优化的渠道体系，是从以下方面策略性地进行渠道规划和布局的。

第一，详尽的通路资源调查。通过“扫街”等普查方式，全面了解和把握一定区域市场内的分销（批发）商、零售商或代理/经销商资源，作为渠道布局的基础和前提。

第二，目标合作伙伴的评估。从“硬件”“软件”多个维度对可能开展合作的渠道客户进行评价，考察其综合素质和成长潜力。

第三，结构化的通路方案制定。从渠道系统总体效能（销售效果、运行速度等）出发，在整体流通（渠道）模式确定的前提下，规划出组合合理、长度宽度适宜、层次分明、重点突出的渠道体系。

第四，目标渠道客户的开发。依据通路方案，与目标渠道客户建立合作关系，安排好彼此之间商流、物流、信息流的对接。

在以上诸要点中，“结构化的通路方案”是关键。用什么方法评价、判断渠道体系优化与否？继之而来的问题是：渠道体系的“结构化”如何体现呢？在此介绍一组笔者在管理咨询中经常使用的评价指标，它们是策略性渠道管理思想的体现，是对渠道规划、布局实操的方向牵引，同时也是对渠道规划、布局效果的评估和总结（见表11－1）。

表11－1　渠道体系的评价指标

总体指标		销售效果：一定时间背景下的销量/销售额/销售结构
		运行速度：渠道体系中资金流/物流/信息流速度
		品牌传播：渠道体系对制造商产品品牌传播的作用
分项指标	渠道质量	优秀经销/代理商占有：经销/代理商总体质量
		零售商合理覆盖：零售资源的获取，零售商宽度安排
		优秀零售商覆盖：零售资源中优秀部分的获取
		零售商主推程度：零售商对厂家产品的重视状况
		优秀零售商主推程度：优秀零售商对厂家产品的重视状况
	渠道可控性	市场零售价的可控度：厂家能否对市场零售价进行有效的调控 市场零售价的无序波动、恶性变化情况
		市场秩序的规范程度：窜货等现象的发生频度、强度，问题解决的难度、速度等
		厂商行为的协同度：在计划制定、市场管理、推广促销等方面的配合状况
	渠道弹性	零售结构的均衡度：销售在各零售商之间的分布，是否过于依赖个别零售巨头
		备选经销/代理/物流商：调整的空间和余地
		渠道体系的修复功能：渠道体系遭受破坏和打击后修复的速度和程度

以上大部分指标可进行量化。通过这些结构化指标体系，可以在企业内部进行不同地区的渠道体系能量、质量比较，也可以与企业外部的竞争企业（品牌）进行渠道体系的对标分析。

渠道评估和选择

表 11 –1 是对渠道体系的评价，现在我们谈谈个别渠道（某个商家）的评估。它是渠道选择和渠道管理的重要环节。渠道评估有两种方式。一是“绝对”评估，即不进行比较的独立评估；二是“相对”评估，即把个别渠道放到复杂的竞争关系中的评估。从“绝对”评估角度看，可以对渠道进行四维评价（见表 11 –2）。

表 11 –2　个别渠道的评价指标

基本条件	经营品质	管理素质	合作关系
资产规模 资产质量 人员规模 物流设施 经营场地	经营规模 盈利能力 经营品种 顾客结构 营运效率 品牌影响	领导能力 管理者素质 员工素质 经营理念 管理水平 经营习惯	合作意愿 诚信程度 合作目的 厂家定位 合作习惯

上表兼顾了对分销（批发）商和对零售商的评估，实际运用时可根据评估对象性质的不同稍作调整。以上 4 个维度中，除“合作关系”外，其他维度的各项指标基本都是清晰明了、可以量化的。“合作关系”维度中，“合作目的”指渠道经营厂家产品是为了规模，还是为了盈利，以及其他追求（如营造自身的品牌形象、树立行业地位等）。“厂家定位”指渠道对厂家及产品战略意义、作用和地位的认定，例如，将某些厂家产品作为获取现金

的“奶牛”，将某些厂家的产品作为获取高盈利的“明星”，等等。“合作习惯”指渠道在重复博弈（长期合作）过程中表现出的反复性行为特征，例如，习惯于小额多批回款，还是习惯于一次性回款囤货，等等。

把评价方法简化的话，可以从“当下——实力和规模”和“未来——能力和潜力”两个方面对渠道进行评估（见图 11－1）。

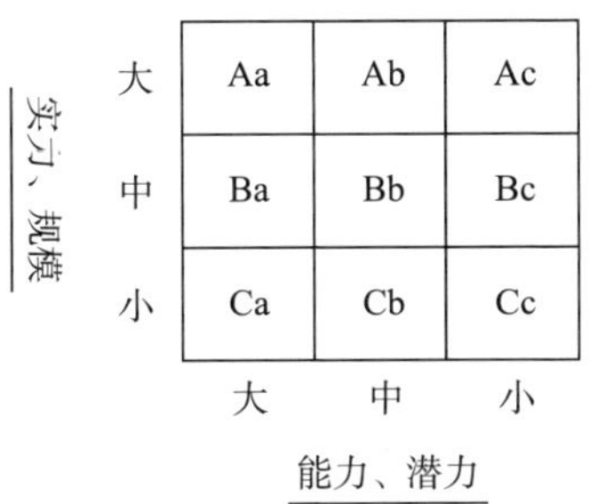

图 11－1　渠道的两维评估

如果依据图 11－1 进行渠道选择的话，显然，Aa 是首选；其次是 Ba 和 Ab；再次是 Ca、Bb 和 Ac。总的来说，在现有实力、规模和代表未来的能力、潜力之间，需更加重视后者。将图 11－1 简化一下，可以得出渠道选择的策略框架（见图 11－2），其中蕴含着短期目标与长期目标、现实与未来的平衡和权衡。

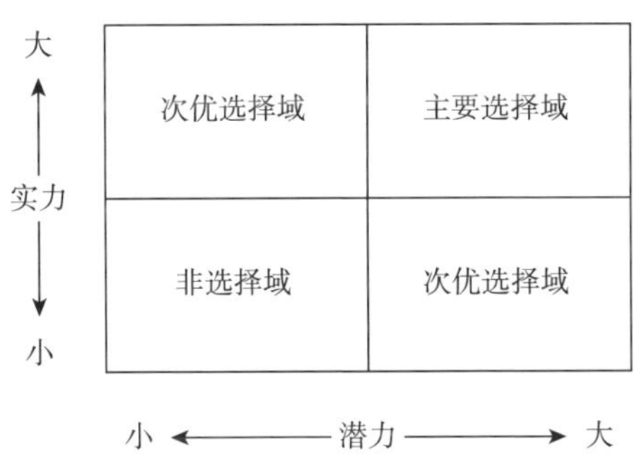

图 11－2　渠道选择的策略框架

“相对”角度的评估，需将评估对象与其他渠道进行比较。同时考虑其作为一种资源对于竞争对手的意义。因此，“相对”评估是一种策略性、竞争性评估（见图11－3）。

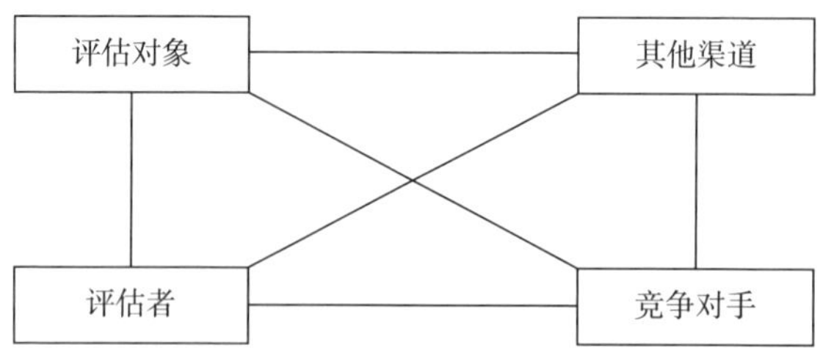

图11－3　渠道的相对性评估

在“相对”评估的框架下，我们选择渠道时，多了竞争和博弈的视角。这也意味着，厂家需在“厂—厂”“厂—商”“商—商”多重博弈关系中，找到合适的方案，实现利益最大化的合作型均衡。通俗地说，我们选择渠道时需考虑对同业竞争者、其他渠道的影响及其可能的反应。近年来，双胞胎饲料在广东、广西等区域市场上，没有采取行业里通行的做法——用高利益吸引同业竞争企业/品牌的经销商易帜加盟，而是另辟蹊径，选择和开发了一批虽缺乏行业经验但素质较高的新型经销商，并帮助这些经销商成长。这样做，避免了和区域市场原有领先者的正面冲突，隐藏了自身的战略意图，没有过早地引起竞争者的关注和压制；同时，与渠道合作时，可以主导合作规则，拥有较大的话语权。

渠道开发的实操指南

评估选择对象、制定选择方案之后，下一步的工作是对拟选择的渠道对象进行开发，从而确定双方规范化的合作关系。渠道开发对于一些非强势品牌来说，是一次难度较大的工作，需在策略上缜密思考，行动上坚韧有力，方法上富有创意，组织上多层保证（从一线开发团队到后方支持保障平台组织，形成一个整体），操作上规范细致。以下渠道开发的实操指南，主要适用于一线业务人员。

第一，愿景引领。说明、描绘本企业/品牌未来成长的战略目标、战略抱负，用事业前景和发展空间引领渠道，激发渠道与本企业/品牌长期合作、共同创业、实现理想的内驱力、勇气信心以及凝聚力。尤其对于刚刚起步的品牌来说，除了产品的市场前途外，清晰的战略方向和战略路径、诚信务实的态度和理念、高素质的业务团队及其昂扬向上的精神风貌，是渠道开发的主要依托。

第二，利益吸引。愿景是未来的利益承诺，现实利益是渠道当下最为看重的。因此，需为渠道设计、制定短期、中期利益方案：投入多少？回收期多长？毛利几许？净利如何？周转多快？在利益方案中，不仅有盈利测算，还应有风险预估。如果未来产品销售不如人意，有哪些风险？最大风险多大？如何事先防范风险？遭遇不确定重大风险时，厂家/品牌承担哪些责任？需要特别指出的是，用利益吸引渠道时，务必客观、真实、理性、实事求是，不能浮夸虚饰，不能有寅吃卯粮、杀鸡取卵的短期、投机行为。

第三，规则释疑。规则是双方权力、利益、责任的规定，是以法律为保证的承诺和约定。要用规则保障、守护渠道的利益，防范、减少渠道的风险。合作规则是双方信任关系的来源，是减少交易成本的重要机制，是形成、塑造渠道预期行为的主要手段，是解决渠道各种疑惑的基本途径。厂家通常是渠道规则的主导者，其制定的合作规则需遵循合法合理合情、平等公正双赢原则，经得起验证或质疑体现细致、规范、精准特色。（详见下节“渠道规则”）

第四，知识推助。厂家/品牌所选择的渠道，未必完全符合其原先设定的标准。在现实的限制条件下，在“所欲”（所期望的）和“所能”（能够做到的）之间只能偏向“所能”。因此，进行渠道辅导、向渠道输出业务及管理知识就变得至关重要了。知识服务既是确保渠道体系有效的重要手段，也是吸引渠道与本企业/品牌合作的长远、重大以及深层次的利益所在。如果与厂家/品牌合作，渠道不仅能获取现实利益，而且能提升自身长期生存发展的能力，那么就会有更加强烈的合作意愿。因此，对厂家/品牌来说，开发渠道时既要提供利益方案，也要提供经营管理知识方案。其中的内容涉及渠道从核心价值链到支持平台的方方面面，这里不一一列举了。

第五，情感融合。开发渠道，主要依赖于利益吸引力，但也不能忽视情感凝聚效应——所谓以情感人。当利益吸引力与竞争品牌差不多的时候，情感便成为渠道争夺的重要因素。人们常说，先做人，后做事，用到渠道开发上，指的就是先增进情感、建立信任，然后再开始事业上的合作。欲实现情感融合，一方面在心态和思维方式上，真正从渠道利益出发，讲诚信，善换位，态度诚恳；另一方面在行动上多拜访、多沟通、多听取渠道的心声。同时在互动方法上切中渠道心理和情感的深部和敏感处，做到性格相符、趣味相投乃至志向相合。

渠道规则

无论是渠道开发，还是开发后的渠道管理以及渠道关系的维护，规则的制定、维护以及调整、优化，都是其中最核心的环节。甚至可以这样说，渠道管理就是渠道规则管理。

从上游厂家/品牌角度看，所谓渠道规则，即厂商之间的合约以及厂家的各类渠道政策，其实质正如上一节所说的是双方权力、责任和利益的安排。主要包括以下几点内容。

（1）双方合作期限。

（2）渠道辐射区域，分销/批发型渠道辐射业态。

（3）渠道经营的产品范围。

（4）产品价格以及变化。

（5）销售任务。

（6）渠道利益（价差/返利/佣金等）以及各类销售奖励。

（7）价格保护和市场保护，市场秩序维护。

（8）退换货及库存处理、滞销品处理。

（9）市场推广、促销资源分配。

（10）应收账款规定，信用额度规定。

（11）信息系统选型、运行规定，数据流转、汇集规定。

（12）物流配送规定。

（13）售后服务规定。

（14）违约责任。

（15）进入、开户程序及规定。

（16）退出、销户程序及规定，渠道退出损失承担和处理等。

上面的16项只是列出了大概的规则范围，在现实的特定情境下，根据需要可以有所增减。显然，不同类型、不同属性的渠道，渠道规则的内容不同。换个角度看，不同内容的渠道规则，体现了厂家和渠道之间的不同合作模式（见表11－3）。

表11－3 厂家与渠道的合作模式

合作模式	代理	经销	分货	代销	混搭
政策框架	产品所有权不发生转移 代理商可以退换货 代理商无价格决定权 代理商获取代理费/佣金/服务费 厂家提供价格保护 厂家通常承担全部或大部分市场推广和促销费用	产品所有权发生转移 经销商买断产品，通常不能退换货 经销商有价格决定权（在进价基础上自主加价或减价销售） 经销商利益来源为产品进销价差 厂家不提供价格保护 经销商承担部分市场推广和促销费用	渠道被定义为资金和物流平台，不进行市场运作 产品所有权不发生转移 分货商获取服务费用以及资金利息收入 其他规则与代理商基本相同	主要适用于零售型渠道 产品所有权不发生转移 厂家向零售商交纳场地租金或按一定销售扣点交纳服务费 商家提供展示、收款、物流、信息（数据）等服务	通常指代理和经销的混搭：有些规则属于或类似于代理，有些规则属于或类似于经销。比如渠道买断经营但可以换货；厂家不提供价格保护，但渠道因价格波动发生损失时给予一定的补偿

上游厂家制定渠道规则，需从规则体系的整体目标出发，不能相互矛盾，作用力需朝着一个方向，不能分散以及相互抵消。总的来说，成熟的渠道规则体系应该同时实现以下目标。

第一，激发渠道的销售意愿，使渠道产生拓展市场、扩大销售的强烈冲动和内在动力。

第二，使渠道目标和厂家目标相互一致，使渠道对厂家的相关要求和政策积极、主动回应和配合。

第三，引导和鼓励渠道的长期行为，防范渠道急功近利、投机取巧。

第四，给予渠道适度的压力，使其生成挑战较高任务、超越竞品的勇气、斗志和力量。

第五，将渠道风险控制在一定边界之内，帮助渠道解决后顾之忧。

欲实现以上目标，厂家制定渠道规则时，务必从自身、渠道的实际情况出发，根据市场环境、竞争环境的特点和趋势，因地制宜，精准平衡；针对性强，杠杆作用大。

第十二章

Chapter 12

渠道定位和渠道满意

渠道分类

对已经选择的渠道按不同维度和标志进行分类，既是精细化渠道管理的前提，也是精细化渠道管理的应有之义。下面我们说明几种零售型经销商的分类方法。

1. 按经销商销售规模分类

按照一定的销售数量标准，可以将经销商分为大型经销商、中型经销商和小型经销商；按照总销量中的累计销售比例，可以将经销商分为 A 类经销商（一个经验性的参考标准是：从最大销量经销商向下排序，累计销量占全部销量比例达到 70% 的经销商）、B 类经销商（A 类经销商之外，累计销量比例从 70% 至 90% 对应的经销商）、C 类经销商（A、B 类经销商之外，累计销量比例从 90% 至 100% 对应的经销商）。这种分类，最为简单和直观，便于厂家确定重点、动态优化经销商结构以及保持经销商结构平衡。

2. 按与厂家的合作关系分类

按照合作时间标志，可以将经销商分为长期合作经销商和短期合作经销商；按合作关系的密切程度，可以将经销商分为伙伴型经销商、潜在伙伴型经销商以及非伙伴型经销商。这种划分对于厂家根据不同的渠道对象，采取差异化的服务策略和关系策略，无疑是有一定意义的。

3. 按经销商的附加价值分类

这种分类的标志，通常是指经销商的服务、体验含量以及与之相对应的零售毛利水平。还可以表现为经销商经营的品牌结构、经销商的销售结构。高附加价值经销商对厂家来说，不仅能贡献利润、助销高端产品，而且能提升其品牌的影响力和美誉度。依据这一分类，再考虑厂家在经销商处的优势劣势——以销售份额、利润份额、终端形象和终端优势等来衡量，我们这里提供一个实用的经销商策略框架（见图 12－1）。

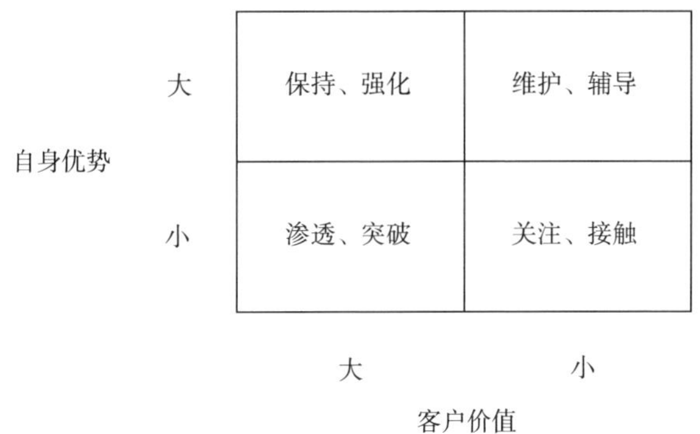

图 12－1　经销商策略框架

高、低附加价值的零售渠道，对于产品所处生命周期的不同阶段，具有不同的意义。换言之，零售商的选择需随着产品生命周期的变化而变化。处于导入期和成长期的新上市产品，通常需要选择高附加价值零售商——借助于它们的市场地位、影响力和零售运营能力，渗透目标顾客群，助力销售曲线拉升。进入成熟期以及衰退期的产品，往往需要选择低附加值零售商（往往是低价渠道）放量排空。目前，一些服装品牌将线上网点作为低价处理库存的渠道，是这种策略的例证。

4. 按照经销商的利润贡献分类

可以将经销商分为高利润贡献、中利润贡献和低利润贡献等几类。显然，高利润贡献经销商未必是销售规模最大的经销商，也未必是销售毛利最高的经销商，但一定是毛利水平符合厂家期望、销售数量和销售利润较为平衡的经销商。这类经销商，是厂家最值得珍惜的渠道伙伴。

渠道定位需精准合理

精细化管理渠道时，厂家需在渠道评价和分析的基础上，调节好对渠道合作伙伴的期望，需根据它们的素质、能力特点，对它们在合作中的角色、职责做出准确的定位。如果期望不准确，则会造成渠道定位的模糊和失误，进而影响厂商合作关系以及厂家流通模式的选择。

以区域市场上制造商对于分销（批发）型经销商的定位为例，根据不同的期望，定位有广阔的空间和弹性（见图 12－2）。

图 12－2　渠道定位空间

辅助型经销商一般来说经营素质较弱，不能担当市场开发与运作的主要责任，只能承担物流配送等简单职能，市场开发与运作的主体是制造商的自有销售组织。而全能型经销商通常经营素质较强，能替代厂家主导市场开发与运作，厂家的介入程度不高。在辅助型经销商和全能型经销商之间，厂家可赋予经销商多种不同的角色和职责。而精细化的经销商定位，关键在于将市场开发与运作的各项职能，以经销商评估为基础和前提，根据区域市场的特点，在厂家和经销商之间进行合理配置（见图 12－3）。

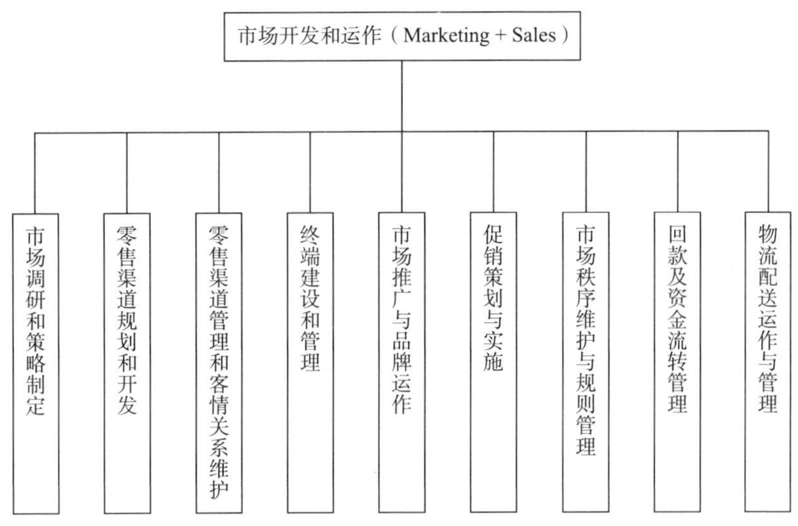

图 12－3　市场开发和运作主要职能

以上各主要职能在厂商之间的分工组合，既是经销商定位的体现，也是厂家渠道策略和市场开发、运作模式的具体化，它对厂家的销售组织架构、人员规模、人员结构以及管理模式等也会产生直接的影响。

提升渠道满意度

渠道管理、渠道服务以及客情关系的发展与深化，都需以渠道满意为中心。而渠道满意与其期望和需求有关。期望和需求基本得到满足，渠道则基本满意；厂家为渠道创造的价值超出了渠道的期望和需求，渠道就会完全满意。

下面，我们来分析渠道的需求模型（见图 12－4）。

以上 4 类需求，基本上属于排序型的。这里的利益需求，是渠道对经营上游厂家产品所获利润等直接收益的要求；商誉需求是渠道与上游厂家合作，对自身商业形象、品牌价值、市场声望以及信誉产生正面影响的要求；学习需求是渠道与上游厂家合作过程中获取所需知识、提高自身能力的愿望；情感需求是渠道与上游厂家合作时对尊重、理解、信任、关爱等心理性因素的期待。

图 12－4　渠道的需求模型

从操作角度看，欲使渠道从基本满意到完全满意，在相关因素、环节的组合和安排上，应有清晰的递进结构（见图 12－5）。

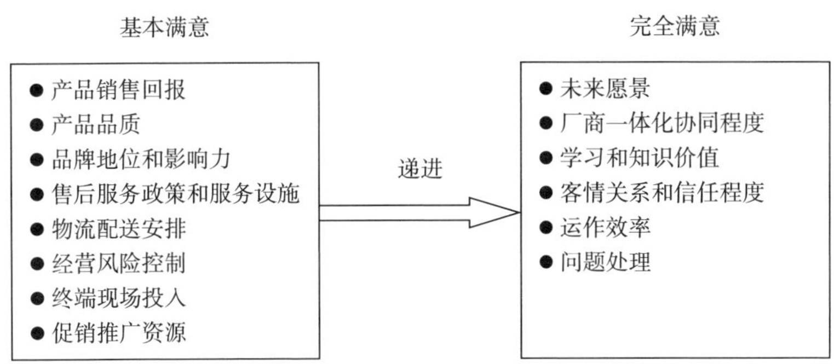

图 12－5　渠道满意的相关因素和环节

从图 12－5 可以看出，左框（“基本满意”）中的大都属于渠道管理前提性、基础性、资源性和体系性的因素和环节；而右框（“完全满意”）中的则大都属于与人相关、与文化相关、与行为相关的因素和环节。在某种程度上，后者的管理含量更高、难度更大。

厂商协同和一体化

厂商之间的协同和无缝对接，是渠道管理中常说常新的话题。从精细化角度而言，厂商关系的融合有以下几个要点。

第一，建立动态、共享的信息平台。只有及时、动态地把握渠道伙伴的销售、库存等方面的信息，厂家才有可能精确地切换品种、调整产量、修订销售计划、处理库存、调节价格，提高整个供应链的运作效率和速度。这是不言而喻的。

第二，流程、组织的一体化。厂商双方在业务流程和管理流程上相互介入，协同操作；彼此以虚拟合作方式实现一体化（厂商各自的业务团队整合起来协同运作）。甚至可以从虚拟合作转为实体合作，双方共建销售组织，统一领导、指挥和管理。

第三，构建复合的渠道满意机制。不仅仅注重利益机制，更要注重文化机制，使厂商双方具有共同的理念及企业文化基础，具有彼此能够认知、理解的知识背景。在厂商能力不对称的情形下，厂家更要致力于渠道伙伴能力的提升。同时渠道满意是个动态、不确定的范畴，制造商应在双方合作过程中把握渠道的期望，持续改善合作关系。

第四，制定精细化的渠道利益政策。不同区域、不同时期、不同品种、不同渠道对象，渠道利益政策在基本原则统一的前提下可以有所差异，使政策的作用方向和作用点更准确，出台节奏更合理，作用效果更理想。粗放式的渠道政策，很容易造成厂家宝贵资源的流失，有时甚至适得其反，引发渠道反感。

完整零售终端管理体系。终端是一个平台，不断上演着生动、激越的喜剧或悲剧；终端是一个系统，由位置、结构、展台、物料、人员、事件等构成了一个彼此关联的整体。终端的精细化管理，不仅仅意味着对各要素精益求精，更主要的需着眼于整体功能的调节和控制。从实用角度看，可以建立终端档案，对终端效能进行动态监测，及时发现问题进行调整，寻找创新的方法和有效途径。

第十三章

Chapter 13

渠道驱动：灌水还是常流

灌水型政策

从国内市场上制造商的渠道（包括分销商也包括零售商）管理实践看，厂家的销售政策可以分为两类：一是灌水型政策，二是常流型政策。

灌水型销售政策，顾名思义，指厂家向渠道压货。这种政策有效期较长，给予渠道的任务压力较大，但利益刺激也更有吸引力。厂家的用意是，一方面通过利益杠杆吸引（有时也有逼迫的意思）渠道最大限度地囤货，使之自然产生巨大的销售压力，最大限度地激发渠道能量；另一方面与对手争夺宝贵的渠道资源，让对手得不到什么机会。

灌水型销售政策尤其适用于两种情形。一是旺季到来之前的销售准备；二是与对手渠道交叉时的锁定渠道伙伴。在国内以渠道为中心的营销模式背景下，“得渠道者得天下，得渠道资金者得渠道”，灌水型政策的意义和作用不言而喻，它也成了一些制造商尤其是强势制造商的基本经验。近几年迅速崛起的一些大型家电、电子消费品、快速消费品厂家，都是长于灌水的高手。

厂家运用灌水型政策，务必要注意以下几点。

第一，不要过度压货。所谓“过度”，意味着超越了渠道的吸纳和消化能力。尤其要避免为完成短期任务（冲量）而进行移库式的“灌水”。过度压货，一方面损失了政策资源，并会导致产品价格下降；另一方面，若渠道事后消化不畅，造成库存风险，轻则影响渠道效能和积极性，重则导致价格紊乱，利益格局失衡，乃至渠道体系的瓦解和崩溃。这种惨痛的教训在家电、手机、快速消费品等领域都不鲜见。过度“灌水”的实质上是一种投机主义和不顾及渠道利益的短期行为。

需要特别指出的是，国内许多行业的部分渠道（尤其是分销商）存在经营投机心理——在利益面前不能自持，跃跃欲试，经常有“搏一把”的心态；厂家若利用渠道的缺陷，短期内可以顺利灌水，但从长期看，极有可能将它们推向陷阱，最终会反过来损害自己。

第二，不能因灌水而影响渠道结构。灌水政策比较适合于大客户，它们资金雄厚，抗风险能力强。相对于中小渠道企业，大客户更容易和厂家的灌水政策对接。如果制造商在销售政策形态上以灌水为主，往往就会依赖于少数大客户，这样既会造成渠道结构上的不合理，也会造成渠道结构的刚化——改起来很难，因为一动大客户，短期压货回款就会受到影响。

第三，不要过度依赖灌水，压货是要付出代价的。如果没有系统、整体的营销策略，不从顾客价值、营销模式、渠道结构、管理体系等根本点上去找到解决销售问题的方案，一味下“猛药”、投资源，一方面事倍功半，另一方面很可能只在短期内见效而危及长远。目前，有一些厂家一面临销售下滑就出台灌水政策，已经形成了灌水依赖，其效应与滥用抗生素一样：有效，且迅速见效；但用量会越来越多，抗药性会越来越强，并且对人体正常的生理机能造成很大的损害。

第四，把握政策的节奏和分寸。灌水的节奏与市场需求的时间分布有关，也与竞争态势的变化有关。应踩准时点，保持提前量和竞争中的主动性。同时在时序上注意政策之间的衔接，切勿上一期的政策尚未完全消化和发挥作用，下一期的政策又接踵而至，旧货未尽，新货又来，渠道里永远“积水”；频繁出手，但乱拳、杂拳打不准，也打不狠。

此外，制定渠道销售任务和利益刺激政策要把握分寸，符合市场的实际情况和渠道的能力、愿望。力度过大，浪费资源；力度过小，又不起作用。恰到好处，这是一个销售主管制定政策时的最高境界。

第五，渠道政策与价格政策应相互配合。灌水极易引起产品价格（包括代理/经销商供货价，也包括零售价）的波动；灌水过猛甚至会导致渠道炸坝放水（宣泄库存），从而引发价格一泻千里。

灌水政策应与价格政策有机结合。首先，两者的目标和作用方向要一致；其次，可以将灌水政策作为价格调整的有效手段；再次，对灌水可能引发的价格波动预先估计，并采取有力措施管理渠道的价格行为（并非仅指控价），作为对渠道政策的配合和补充。

常流型政策

灌水型政策固然有效，但有以下三个方面问题。一是着力于事先囤货而非着力于实际销售；二是消耗资源较大；三是存在渠道存货风险。总的来说，它是大开大合式的，非常规的，不宜频繁使用。与之对应和互补的是具有细水长流风格的常流型政策。

常流型政策着眼于动态销售。它的有效期较短（比如，一个月甚至更短），且常常具有连续性（比如，每个月都有政策，且环环相扣）；政策所依据并支撑的主要目标是政策有效期内的实际销售量（不是事先的囤货量）；给予渠道的利益刺激较小，但更有针对性。下面用一个具体的例子来说明：

某手机厂家在一定的区域范围内给所有的代理/经销商以及主要的零售商下达本月销售任务。这一任务依据渠道的全年目标以及本月分解目标，并参照上一个时期（如半年、一个季度）、上个月实际销售情况以及市场竞争态势等多种因素制定。与销售任务相伴随，厂家同时出台与销售计划完成情况相关的奖励规定（不同品种以及规格型号有不同的利益刺激，以此调节产品的销售结构，确保主力产品有效销售）。

例如，某零售商的某种手机上月实际销售 1000 台，本月计划 1200 台，预期比上月增长 20%。本月若完不成计划，所有销售只享受正常的返利（如每台 50 元）。若完成计划，所有销售享受超额返利（如每台 70 元）；或者细化为分阶段奖励：与上月持平部分（1000 台）按每台 50 元返利；超过 1000 台但在 1200 台内的部分（比上月增量部分）按 70 元/台返利；超计划任务部分（1200 台以上增量部分）按 90 元/台返利。

从上例可以看出，常流型政策精细、复杂、针对性强，对每个渠道而言往往有一定的个性化色彩，有可能更贴近实际，更受渠道伙伴的欢迎。但它也有力度较小、渠道疲惫的弊端（对经常发生的、有些不痛不痒的利益刺激不太感兴趣）。因此，对厂家来说，常流应和灌水结合使用，但以常流为主。打个比方，常流政策是米饭、馒头，而灌水政策则是生猛海鲜。

常流型政策依赖于深化的营销模式，或者说它本身就是这种营销模式的组成部分。制造商在对渠道进行优化布局的前提下，对分销商、零售商进行精细化的管理；同时它的有效运用，以灵活、分权的销售管理体制为必要条件，以高素质的渠道管理人员（以一线业务人员及主管为主）为充分条件。没有重心较低、流程顺畅、反应快速、运作规范的销售管理体系，常流型政策无法实施。

厂家在制定常流型政策时应注意两个问题。一是避免琐碎，否则既影响渠道的自主运作和调节，又容易和市场实际情况脱节（营销及销售决策有时属模糊决策）。二是针对不同渠道的个性化政策，不要影响区域渠道体系的整体公平性和均衡性；也不要给一些职业道德不佳的业务人员牟取个人利益的机会。因此，政策的基本原则和框架要有一致性和统一性。

从推动转向拉动

灌水和常流，是两种政策类型，同时也是两种渠道驱动的机制。传统的渠道驱动方式——也可以理解为流通价值链运行方式——是推动型的，即从流通价值链的后端向前端层层给予压力，好比将水流用水泵一级级压向田地。而灌水无疑是推动的主要形态（见图 13－1）。

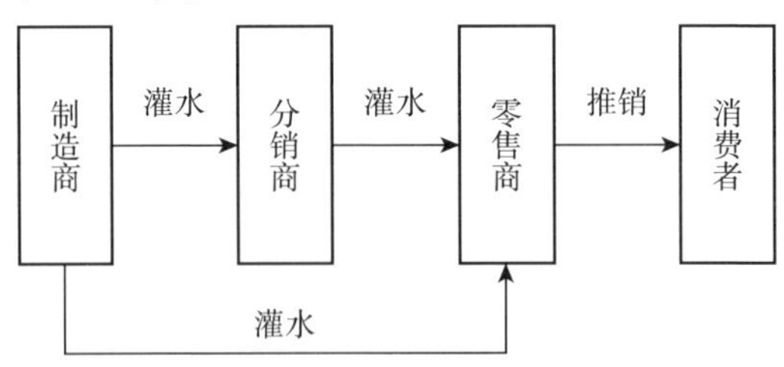

图 13－1　推动型渠道驱动

与流通价值链运行方式相对应，厂家内部管理链（见图 13 –2）。

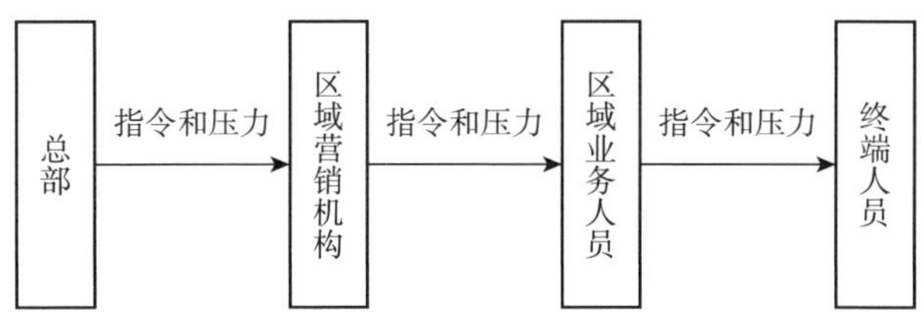

图 13 –2　厂家内部管理链

在图 13 –2 中，区域营销机构可以是厂家经过注册的区域经营实体，也可以指未经注册的区域市场管理机构。而终端人员则指厂家派驻在零售商场、网点的导购人员。

推动型的渠道驱动，其弊端是显而易见的。首先，粗放式的层层灌水，容易造成流通各环节库存增加、周转变慢，影响整个流通价值链的效率和相关参与者的效益，甚至致使流通价值链崩溃。在这方面，有些长期习惯于灌水的品牌是有惨痛教训的。其次，上对下地纵向命令、层层加压，不利于激发、调动一线人员的自主性、创新性和内在积极性，同时也容易出现不切实际加指标、不明实情瞎指挥等非理性行为。因此，从长远来看，流通价值链运行方式需从推动型转变为拉动型（见图 13 –3）。

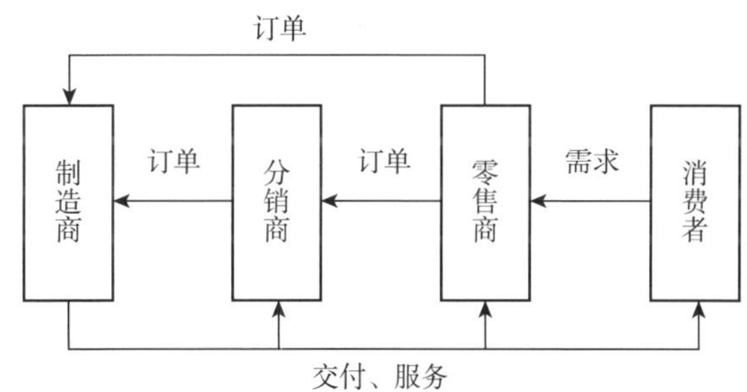

图 13 –3　拉动型渠道驱动

相应地，厂家内部管理链也发生了变化（见图13－4）。

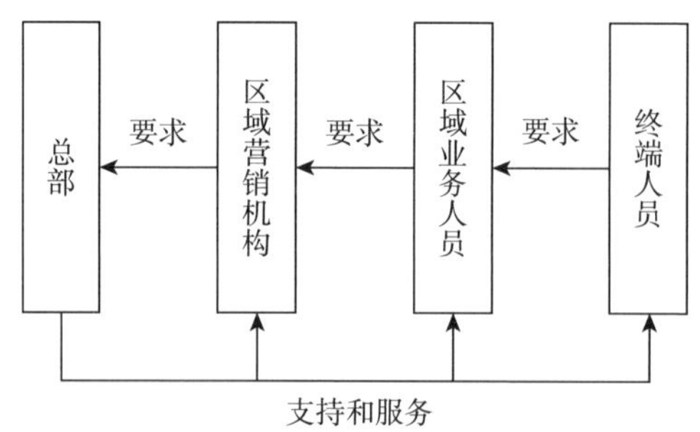

图13－4 厂家内部管理链发生变化

在图13－4所示的管理链条中，一线终端人员根据零售店实际情况，依据顾客需求和竞争态势自主确定目标，思考竞争对策，提出资源要求。区域业务人员帮助终端人员解决问题，对终端进行辅导培训；在小区域范围内协调资源，指挥市场运作和营销事件。区域营销机构向一线团队（业务人员和终端人员）提供专业职能支持，进行压强式的资源投放，组织大型营销活动。而总部则制定总体营销战略，构建系统、全面的服务平台，把握营销组织市场运作的方向。

拉动型渠道驱动方式的主要特点是：第一，让听得见炮火的人来指挥。给予一线人员自主决策的空间和条件；各级管理机构的指挥、协调和决策，都是以一线建议为基础，将分散的思路汇集起来再进行整合，因而贴合实际情况，针对性强，精准度高。第二，用运行机制体现市场需求导向。一线人员将其对市场需求的感知、体认，转化为销售订单以及策略、政策建议和请求，各级管理机构的主要职责是面向市场、面向一线提供支持和服务。第三，流通价值链运行实现敏捷化。从末端拉动链条运行，必然呈现出万斛细流奔涌不息的态势，商流、物流、信息流则以快速、灵敏、精准为主要特征。

当推动式渠道驱动转变为拉动式时，常流将会取代灌水成为驱动渠道行为的主要手段和机制。只不过在推动式下，常流政策的制定者是一线人员和团队的上级；而在拉动式下，渠道任务由一线人员制定，与之相关的激励政策当然也主要由一线人员在一定的资源边界内做出决策。此外，拉动式下，常流的节奏会更快，其作用对象、作用点、作用力度以及资源投入等也会更加及时、细致和准确。

第四篇
零售终端管理

第十四章

Chapter 14

解读零售信息

商圈和业态

全面、细致、准确了解、理解零售体系及零售终端信息，是零售终端建设的前提。而解读零售信息的方法，是从相对宏观的视野再回归微观视角，像跳伞运动员那样先看清地貌的轮廓，再徐徐下降看清颗粒度越来越小、越来越清晰的景致。

零售信息主要由“商圈”“业态”和“网点”三部分组成。我们先来谈谈前两者。商圈是城市市场商业设施（商场商店）较为密集、消费者流量较大的区域。大中城市通常包含若干个商圈，如北京市的西单、王府井等，上海市的南京路、徐家汇等；县城通常只有一个商圈，但某些面积较大、新旧城区并存的县城可能会有两个甚至更多的商圈；大多数乡镇通常只有一个商圈。某些消费量较大的产品品类，往往会在大中城市形成专业性的商圈。以手机产品为例，北京市有公主坟商圈，深圳市有华强北商圈，成都市有太升南路商圈，广州市有陵园西路商圈等。表 14－1 是供业务人员使用的区域市场商圈调查表。

表 14 –1　区域市场商圈

区域：________　　　　　　　　　　　　　　　　时间：________

商圈名称	地点	容量	份额	顾客	趋势
A					
B					
……					

在表 14 –1 中，“容量”是指该商圈某品类（种）产品总的有效需求量；“份额”是指该商圈市场容量在本区域（城市）全部市场容量中所占的比重；“顾客”是指该商圈中的主要顾客人群（多个），比如，北京市王府井商圈中的顾客人群之一是外地游客，西单商圈中的主要顾客人群则是在附近工作的年轻白领等；“趋势”是指该商圈未来的前景，例如，会不会被拆迁，抑或改造升级，顾客流量、顾客结构、消费特点以及与之相关联的商业形态、商业设施、商业服务等会发生哪些变化，等等。

需要说明的是，表头右上角的“时间”，是指本表的填写时间。本节各表同此例。

在掌握商圈信息的基础上，需要进一步了解的是业态信息（见表 14 –2）。

表 14 –2　商圈内的业态结构

商圈：________　　　　　　　　　　　　　　　　时间：________

业态名称	总销量	份额	顾客	趋势
……				

在表 14－2 中："业态"是指一定商圈内销售产品的各种商业形态，如连锁大卖场、连锁超市及便利店、小型商店等，也包括近年来数量增长迅猛的无人商店（售货机）等。"份额""顾客""趋势"等的定义和表 14－1 中的基本相同，只不过将考察的空间坐标从特定的区域（城市）缩小到特定的商圈。

按照信息颗粒度越来越细的逻辑，我们需了解的信息是特定商圈内各业态内部的网点构成（见表 14－3）。

表 14－3　商圈中各业态的网点构成

商圈：________　　　　时间：________

业态	网点名称	地点	销量	份额	顾客	趋势
A	1. ××					
	2. ××					
	……					
B	1. ××					
	2. ××					
	……					
……	……					

需要说明的是，表 14－3 中的"网点"包括各种业态的所有网点，而不仅是销售本企业/品牌产品的网点。其信息通过各商圈网点普查获得，是进行零售网点规划、确定零售网点宽度及布局、建设管理零售终端的前提和基础。

零售店（网点）信息

零售店（网点）信息系单个零售店（网点）信息，包括"基本信息”“顾客人群”“品牌与品种”“空间结构”“传播资源”“人员”“现场活动”七方面。对零售店（网点）进行全面、立体、深入的调研分析，是深度分销、决胜终端以及精细化渠道管理的基础。可以这样说，零售信息的颗粒度越细，零售策略的精准度以及零售管理的专业化程度就越高，市场运作的层次就越深、越贴近市场的底部。

1. 零售店基本信息

即零售店档案，主要是零售店基础性信息。这些信息不经常变化，可半年或一年更新一次。表 14 - 4 中所列的各项内容，其具体信息的主要获取途径是一线业务人员以“扫街”等方式开展的现场调查。

表 14 - 4　零售店基本信息

店名：________　　　　时间：________

<table>
<tr><td>名称</td><td colspan="2"></td><td>地点</td><td colspan="4"></td></tr>
<tr><td>负责人</td><td></td><td>电话</td><td></td><td>邮箱</td><td></td><td>传真</td><td></td></tr>
<tr><td>所在商圈</td><td></td><td>所属业态</td><td></td><td>所属公司</td><td colspan="3"></td></tr>
<tr><td>总面积</td><td></td><td>月/年总销售量</td><td></td><td>销售品种数</td><td></td><td>主销品种</td><td></td></tr>
<tr><td>主要品牌</td><td colspan="2"></td><td>主推品牌</td><td colspan="4"></td></tr>
<tr><td>总人数</td><td></td><td>厂家促销员数</td><td></td><td>店员数</td><td></td><td>管理人员数</td><td></td></tr>
</table>

2. 零售店顾客

表 14 - 5 反映某零售店主要顾客人群状况。这方面信息由一线人员（以导购、店员为主）长期持续观察、记录、整理及

分析后得出。

表 14-5 零售店顾客

店名：________　　　　　　　　　　　　　　时间：________

主要顾客群	在本店全部销售中的份额	来店时间特点	需求特征	沟通特点
……				

在表 14-5 中，“主要顾客群”是零售店服务的主要对象，他们通常可以通过职业进行划分，例如，大城市中的主要顾客群可分为“企业家及高管”“公务员”“资深白领”“小白领”“学生”“农民工”“郊区农民”等。由于职业与收入、社会资本等有高度的相关性，因此可以替代它们。当然，产品类别不同，顾客分类的方法和标志会有所差异。“在本店全部销售中的份额”指某一顾客群的交易总额在本店全部交易额中所占的比重。“来店时间特点”是各个顾客群前来体验及交易的时间分布，例如，一月中各周的分布、一周中各天的分布以及一天中不同时段的分布。掌握不同顾客群来店时间特点，对于高效配置人员以及其他资源、实施针对性强的精准营销，具有重要的意义。

在表 14-5 中，各顾客群的“需求特征”，有多层次的含义。要准确把握主要顾客群的“需求特征”，须从以下几个方面入手。首先，需勾勒主要顾客群的轮廓（基本特征），包括居住地域、文化程度、收入水平以及生活方式、认知特征和行为特征等。所谓生活方式，是顾客群的生活态度、生活状态以及体现在其中的价值观，比如，是现代还是传统，是时尚还是古典，是节俭还是奢华，是极简还是繁复等。顾客认知方式，是顾客人群认识、理解客体（他者）的思维模式、过程及特点，包括有没有对商品（服务）的探究愿望，有无相关知识基础，是理性还是感性，是自主还是从众等。所谓“行为特征”则是顾客群购买产品（服务）时的若干典型行为，是复杂购买（货比三家、深思熟虑、审慎决策）还是简单购买（依据有限信息快速决策），是个人购买还是群体（例如，一家人）购买，是线上购买还是线下购买，是一次付款购买还是分次付款购买等。

其次，需从多个角度把握顾客群的消费心理和需求倾向，包括价格接受域和价格敏感度、关注焦点和需求结构（所需各类价值的组合和排序）、体验偏好和服务要求等。在此基础上，还需对顾客消费心理和需求倾向中各个因素进行更加细致和深入的了解和分析。例如，手机市场中的年轻女性顾客群普遍关注手机的拍照功能，那么这背后折射出哪些时代气息、社会心理以及文化趋势？对这些问题的深入分析，不仅有助于发现年轻女性关注手机拍照功能的深层动机，更重要的是能从这些背景因素的变化中发现顾客群新需求的端倪和征兆。

理解了主要顾客群的需求特征，就很容易把握表 14 - 5 中的“沟通特点”，即针对不同顾客群的差异化的有效沟通方式，包括言辞组合、逻辑结构、展开过程等。例如，面对理性的、自主的、有一定认知基础的顾客，沟通的基本方式是“摆事实、讲道理”，为其提供认知的材料和决策的依据。而面对感性的、从众的、自主决策能力较弱的顾客，则一方面通过购物场景（包括线上线下）的体验氛围，产品（服务）新奇、鲜明的价值概念及诉求打动他们；另一方面为他们直接提供产品、服务以及性价比解决方案；同时使他们产生群体上的归属感。

3. 品牌与品种

除品牌专卖店外，一般的零售终端会在某类产品线下选择经营若干个品牌，即品牌的配置。零售商品牌组合的常见策略是，一方面将其与顾客结构相契合；另一方面确定主推品牌，以期获取相关品牌的重点支持。有些零售商更平台化一些，则会为多个品牌提供相对公平的机会和资源，让顾客自主选择。有些零售商偏好与上游品牌结盟，引导甚至一定程度上控制顾客的购买行为，求得利润最大化。顾客理性程度高的地方，前一种模式（平台化）更多一些；顾客感性程度高的地方，后一种模式（结盟）更多一些。站在上游厂家的角度，了解零售店品牌与品种状况，是精准把握品牌竞争关系、有效制定竞争策略的前提和基础（见表 14－6）。

表 14－6　零售店品牌与品种

店名：________　　　　时间：________

品牌与品种名称			月/年总销售量	在全店销售总量中的份额	上市时间	零售价格	主要概念	性价比竞争力	销售趋势
品牌A	1								
	2								
	…								
品牌B	1								
	2								
	…								
…	1								
	2								
	…								

在表 14－6 中，“主要概念”是产品的价值定位以及销售主张。“性价比竞争力”通常适用于对销量较大的主流产品品种的评价，用来说明不同品种性价比的优势状况。“销售趋势”指某品种一段时间（比如，一个月、一个季度等）之内销售量的动态变化。“零售价格”则以本表填写时的时点数据为准；如果某品种有多个规格型号，且有一定的价格差异，可以计算平均价格。

4. 零售店空间结构

零售终端管理，在很大程度上是对零售店空间的管理。零售店空间面积、结构的准确测量、测绘是优化终端布局和顾客空间体验、提高零售空间效率以及开展基于空间的零售店“活性化”活动的依据，是精细化零售终端管理的关键动作之一（见表 14－7）。

表 14－7　零售店面积构成

店名：________　　　　时间：________　　单位：平方米

总面积	××产品总面积		各功能区面积		各品牌面积		店外面积	
	A 类		销售专区		A		门前广场	
	B 类		走廊过道		B		停车场	
	C 类		前厅中庭		C			
	D 类		收银		D			
	…		…		…			

如果零售店仅销售某类产品，则全店总面积和某类产品的总面积相同。表 14－7 中的“各功能区面积”以及“店外面积”中所列各类功能区域（如“走廊过道”“前厅中庭”“门前广场”等），可根据实际情况增添、减少。

理解零售店空间结构，除需理解零售店的面积构成外，还需熟悉零售店内部的具体布置，顾客浏览、体验以及购物的行动路线。现已是3D时代，零售店空间结构的逼真、立体、动态展示和显现，可以借助具有人工智能属性的图形软件技术和工具，在此不详细说明了。

5. 零售店传播资源

零售终端是传播媒体的集成：店头、店招、专区、专柜、吊旗、地贴、堆箱……欲要高效、充分、创新地利用零售终端媒体，需对其进行全面、细致的调查（见表14－8）。

表14－8　零售店传播资源信息

店名：________　　　　　　　　　　　　　时间：________

场景类别	传播方式	适合内容	面积及数量	费用要求	店方管理要求
……					

在表14－8中，“场景类别”是零售终端内外与顾客沟通、互动的场景及空间分类，包括品牌专区（专柜）、店前广场、店中前厅（中庭）、店内上空、店中通道等。“传播方式”是指上述场景中经常出现和使用的媒体，比如，“店内上空”中的媒体通常是吊旗以及其他吊饰等；“店前广场”上的媒体通常是充气拱门、大型立体道具等；“专区（专柜）”内的媒体通常是背板、海报、柜台摆件等。“适合内容”是指与各种媒体相匹配的传播内容，有些媒体适合发布品牌信息，有些媒体适合发布产品信息，

有些媒体适合发布价格及促销信息等。表中“面积及数量”“费用要求”“店方管理要求”是零售店传播资源开发、利用的约束条件，是终端管理人员制定零售店传播方案、安排传播资源时参照和考量的变量。

6. 零售店人员信息

零售店人员信息主要包括店长信息（见表 14－9）和导购人员信息（见表 14－10）。这是零售店所有人员信息中的关键信息。

表 14－9　零售店店长信息

店名：________　　　　　　　　　　　　　　时间：________

<table>
<tr><td>姓名</td><td></td><td>年龄</td><td></td><td>性别</td><td></td><td>通信方式</td><td></td></tr>
<tr><td>工作年限</td><td></td><td>进入行业年限</td><td></td><td>进入企业年限</td><td></td></tr>
<tr><td>学历</td><td></td><td>主要工作经历</td><td></td></tr>
<tr><td colspan="6">素质、能力分析</td></tr>
<tr><td>经营分析及策略能力</td><td>市场敏感度及应变能力</td><td>用人及团队建设能力</td><td>组织、指挥和协调能力</td><td>规范化、信息化管理能力</td><td>沟通及人际交往能力</td></tr>
<tr><td colspan="6">有关个人信息</td></tr>
<tr><td>家庭状况</td><td></td><td>个人兴趣爱好</td><td></td><td>个性特点</td><td></td></tr>
</table>

在表 14－9 所列的各项内容中，“素质、能力分析”最为重要但却不易得出准确的结论。首先需要长期、持续观察；其次需对每种素质和能力建立关键行为标准。也就是说，只要观察分析对象（店长）的实际行为符合关键行为标准，那就证明他（她）具有与之相对应的素质、能力。而关键行为标准来源于最优店长的日常经营管理实践。“有关个人信息”是一线业务人员与店长有效沟通、互动，建立良好关系的参照和导引，越详细、准确越有价值——当然，不能打探他人隐私。

表 14－10　零售店导购员信息

店名：________　　　　　　　　　　　　　　　　　　时间：________

人员类型		数量	周/月人均销售量	周/月单人最大销售量	业内工作年限	素质评估	明星导购员	工作满意度
品牌导购员	A							
	B							
	……							
店员								
临促								

表 14－10 中的“品牌导购员”是厂家聘用的导购人员；“店员”是指零售店聘用的导购人员；“临促”是零售店或品牌商聘请的临时促销导购人员。对各品牌导购员工作绩效、素质、满意度等进行分析评价，了解店内优秀（明星）导购员的工作生活状况，是厂家优化导购员结构、提升终端优势的必做功课。

7. 零售店促销活动信息

零售店是个舞台，经常会上演各种主题和情节的促销、体验大戏（见表 14－11）。这些戏无论是品牌商还是零售商当导演；也无论是本品牌还是其他品牌唱主角，都需将它们记录下来，不仅用来借鉴其他品牌以及零售店的促销做法和经验，更重要的是从中提炼、概括出通用的模板——将促销活动类型化，所有的创新在此基础上进行。

表 14－11　零售店促销活动信息

店名：________　　　　　　　　　　　　　　　　　　时间：________

活动名称	举办时间	主办者	主要内容	资源投入	人员组织	效果分析
	……					

零售店经营特点小结

在了解、理解上述零售店信息的基础上，可以对零售店经营特点、竞争优势作一个小结（见表 14－12）。

表 14－12　零售店经营特点和竞争优势分析

店名：________　　　　　　　　　　　　　　　　　　时间：________

分析项目	各项目说明
经营方向	
市场定位	
在区域/商圈中的地位	
品牌选择	
品种数量	
主推品牌	
主推品种	
价格水平	
店面氛围	
促销活动	

续表

分析项目	各项目说明
人员数量	
人员素质	
市场反应	

在表 14－12 中，“经营方向”是指零售店的目标偏好，如是偏向于规模/份额，还是偏向于收入、利润；是偏向于长期经营基础、竞争能力的夯实、锻造，还是偏向于短期业绩等。“市场定位”是指零售店所针对的顾客人群。“在区域/商圈中的地位”是指零售店的销售规模、收入在特定区域或商圈内的排名以及比重。“品牌选择”是指综合性零售店经营某品类产品时所选择的品牌。“品种数量”是指零售店经营某品类产品时的具体品种个数。“主推品牌”和“主推品种”是指零售店重点销售、资源倾斜，以及结为战略伙伴关系或具有战略意义的品牌和品种。“价格水平”是指零售店相关品类、品种产品平均价格、最高价格、最低价格、客单价状况，以及与其他相关零售店的对比，代表零售店的定位和盈利能力。“店面氛围”是指零售店的环境特征和整体气氛，可以从空间结构（节奏）、装饰风格、标准化程度、体验要素设计、信息展示媒介等方面进行描绘。“促销活动”是指零售店经营开展的各类促销及激活性活动。“人员数量”和“人员素质”是指零售店内部人员规模、结构以及素质、能力状况。“市场反应”是指零售店决策者/操盘者面对市场变化时反应的前瞻、敏捷程度，以及反应的强度和力度；它既可以用来评价零售店经营团队的认知和洞察，也可以用来评价其更新力和执行力。

第十五章

Chapter 15

结构产生能量：区域市场的零售布局

两个务必

无论采取直供（直营）模式还是分销模式，对于厂家来说，零售商和零售网点的组合和布局都是渠道策略的重要组成部分，以及渠道管理的主要环节之一。优化零售结构，是精细化、深度化开发和管理区域市场的基本原则，是提升渠道体系整体效能、推动产品销售的支撑和保证。

在国内市场上，零售布局问题之所以重要，主要有三个原因：第一，国内零售业的集中度总的来说较低（如果对中国市场进行立体性考察的话），沃尔玛、苏宁等零售巨头的市场份额主要分布在大中城市，广大的城镇、乡村市场，还是由为数众多、规模较小的零售商所占据。第二，零售业正经历着剧烈的结构性变化（表现为持久的价格战、资源战以及“破坏”性竞争）。线上电子商务巨头纷纷进入线下零售领域，在推动零售升级的同时，也加剧、加快了零售业的变化和整合。第三，由于消费者的理性化程度普遍较低——当然，不同层级的市场情形相异，零售渠道的“推力”对于产品的销售仍然起到相当大的作用。即使是可口可乐、宝洁等强势品牌都不能无视渠道的力量，品牌影响力和产品指认率均较低的其他中国企业就更不用说了。

在这种流通业格局以及竞争环境下，欲取得营销优势的企业在零售渠道策略和管理上必须遵循两个“务必”。其一，务必要保护、调动零售商的积极性，控制零售商及零售网点之间的无序竞争，调节零售体系的利益格局；其二，务必要获取零售资源，精细化设置、调控各个零售终端“闸口”，深化与核心零售商的客情关系。

两个“务必”原则，要求厂家解决好两个关键问题。一个是零售宽度问题；另一个是零售体系的内部结构问题。

零售宽度

区域市场开发和运作时，需进行零售网点的规划。这同时也意味着对零售网点进行合理组合和布局。具体做法是，在对区域市场全部零售网点进行普查（“扫街”调查是普查的一种方式）的基础上，将全部网点划分为有效销售网点、无效销售网点（边缘化的低价值渠道，对本企业/品牌产品几乎不会产生销售贡献）和管理上难以覆盖的网点（管理这些网点，能力和体系无法支持）；在有效网点中，再划分重点网点和非重点网点；对于重点网点从产品出样、终端建设、体验设计、推广设计到人员配备、信息系统共享、售后服务及物流配送安排等多个方面予以支持（见图 15－1）。

有效网点		管理不到的网点	无效网点
重点网点	非重点网点		

图 15－1　零售网点规划

在规划和布局有效零售网点以及重点零售网点时，需把握好零售宽度。在一定的区域市场上，零售宽度可以用“铺市率”“铺货率”“进店率”等指标来衡量。说得更加通俗一些，是在全部零售网点中选择合理的网点量作为产品的销售场所。

若干年前，一些国际著名消费品品牌的高管在巡视中国市场时，常常把“铺市率”作为主要的评估指标，一旦发现哪个零售卖场（哪怕是一些很小的网点）没有本企业的产品，就大为光火，甚至将下属训斥一番。其隐含的营销逻辑是将产品尽可能地铺开，在强大的品牌作用力和产品吸引力下，一定会激起消费者的购买欲。但是，他们可能没有意识到中国市场的特殊性：在中国市场，如果零售宽度不当（比如，过宽），就容易引发零售商之间的恶性竞争和整体销售意愿下降——零售商的分散和经营素质的低下，是这种现象频繁发生的土壤。这不禁让笔者回想起小时候听到的农民的话：“三三得九，不如二五一十。”

当然，分析、研究零售宽度问题，不仅仅要防范过宽，也要避免过窄。对大量无力打开渠道能量的中小企业而言，过窄才是主要矛盾。关键在于合理的零售宽度边界。“合理”的标准是什么呢？概括地说，一是要看大部分已开发零售商的销售愿景，零售宽度和零售商的销售意愿成反比（见图 15－2）；二是要看已开发零售商之间能否形成相对稳定的心理契约，即在关键性竞争行为上的一致性（比如，大家共同遵守不打价格战原则，不主动破坏规则），零售宽度和这种“一致性”的程度同样成反比（见图 15－3）。

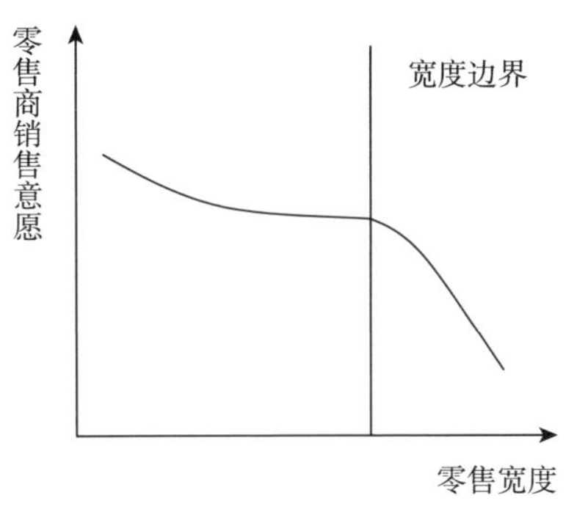

图 15－2　零售商销售意愿曲线

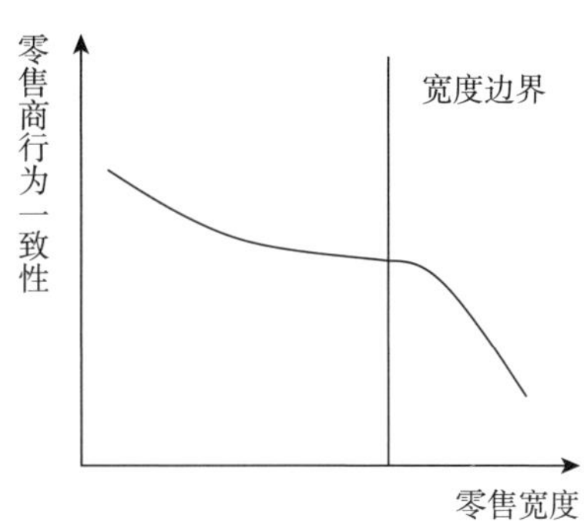

图 15－3　零售商行为一致性曲线

从上面两图可以看出，宽度边界处在“销售意愿”曲线和“行动一致性”曲线发生陡然下降的“拐点”处。它的位置需根据不同区域、不同企业的实际情况而定；把握的方法是从企业销售的长期目标和连续性目标（持续、稳步提升）出发，在区域市场管理的过程中动态地调整——正如开车时对方向盘进行左右调节，使车的行驶方向趋于理想状态一样。也就是说，一旦区域市场出现了渠道偏宽的苗头，则应有所收缩；反之亦然。行文至此，需要特别指出的是，一些企业注重短期销量目标且又过于追求高速增长，导致区域市场零售渠道宽度的失控，经过短期泡沫性快速增长之后，即陷入长期的衰退。这种错误是常识性的，却是致命的——它破坏了渠道结构且不易修复。

对厂家而言，一定区域市场上的零售宽度取决、受制于内外部诸多因素和变量。外部变量主要包括以下三个方面的内容。

一是零售商的经营素质和经营习惯。若零售商普遍经营素质较高，或在经营习惯上有一定的竞合意识，不去进行“破坏性竞争”，彼此较易达成心理契约，则厂家的零售宽度可以“宽”一些；反之，则需“窄”一些。

二是市场的竞争程度和成熟程度。如果区域市场上，零售竞争已充分展开，产品价格透明度较高，零售商的毛利追求较低，则厂家的零售面通常可以开阔一些；反之，则需采取较窄的零售渠道策略。

三是零售业的整合状况。如果区域市场零售业整合基本完成，零售寡头已经出现，零售宽度只能窄一些。反之，如果零售业结构依然分散，零售宽度则需宽一些。若一个区域市场上正在进行零售业的结构性重组，零售商之间正进行生死决战，厂家对于零售宽度问题尤其需要慎重。反之，如果零售商结构相对稳定，厂家把握零售宽度边界较为容易。

影响零售商宽度的内部因素有以下三个。

一是产品定位以及销售目标。若产品主要面向高端顾客，或者销售任务和市场份额的要求不高，零售商宽度可以小一些，反之则需大一些。

二是业务人员数量以及管理能力。业务人员较多，管理能力较强，能控制住零售商的竞争行为，零售面可以较宽；反之，则只能收缩。

三是区域市场的开发阶段。市场开发的初期为求得核心零售商的支持，可以选择少数商家作为合作伙伴以保证其利益；随着销售的增加和市场渗透率的提高，逐步扩大零售渠道宽度。不过，也不排除一些厂家采取先“宽”后“窄”（即先广撒“种子”，再细心培养重点）的“逆向”策略。

需要指出的是，零售宽度不仅仅是管理参数或阈值，它还是个空间概念。也就是说，我们考虑零售宽度问题时，需将其放在特定的空间背景之下（比如，城市中的商圈、县城及乡镇的商业街区）来确定该商圈（街区、街道）中的零售网点密度以及空间上的具体分布。一涉及具体布局，那就需要在较小的空间范围内，依据顾客流量的分布及流动、竞争品牌的网点结构、零售业态及网点之间的竞争态势等因素，做出精准安排。例如，在某一个商圈内，网点是比邻而立还是遥相呼应。空间背景千差万别，那么具体的网点布局则依情境而定。事实上，零售宽度的确定，和特定空间内的具体布局是同一件事。

零售体系的内部结构

要把各种类型、各具特色的零售商以及网点组合起来，就必须考虑内部的结构问题。即在一定的区域内，开发、选择哪些零售商以及网点，它们彼此形成何种关系。由于各地零售格局迥异，这里无法给大家提供一个通用的零售商以及网点内部结构标准的样板，只是提醒厂家应注意处理以下几个方面的关系。

第一，“新”业态和“旧”业态的关系。近年来，零售业格局变化的一个显著标志是新兴的业态（如大型连锁店“新零售”概念下的零售店等）不断丰富且快速成长，而传统业态（如百货商店、小型商店等）处于相对的不利局面。对厂家来说，需处理好不同业态之间的组合。既不能无视新兴业态的生命力和成长性，也不能忽略传统业态的地位——这样，有可能失去一定的市场份额，并且丢掉与新兴业态相抗衡的力量。此外，由于我国消费品市场具有纵向层级较多、不同层级市场存在一定差异的特点，因此，不同层级市场应有差异性的业态分布（见图 15 –4）。

市场层级	一级市场	二级市场	三级市场	四级市场
业态分布	A B C D	B C D	B C D	C D

图 15－4　不同层级市场的业态规划

在图 15－4 中，一级、二级、三级、四级市场通常指省会城市市场、地级城市市场、县城市场和乡镇市场，但不同行业划分市场层级的标准有所不同。业态是指零售形态，比如，连锁卖场、百货市场、小型连锁商店、独立商店等（用 A、B、C、D 分别对应）。图 15－4 中 A、B、C、D 面积的大小分别代表该业态网点数量在全部业态所有网点中的份额。

第二，“强势”商家和“弱势”商家的关系（即大商家与小商家之间的关系）。各区域市场上，都有一些市场份额占比较大、地位较高的“寡头”型商家，不和它们合作是不现实的。但如果过于依赖它们，忽略了在行业变革的凄风苦雨中苦苦挣扎、急待厂家施以援手的“弱势”零售商，问题就会和前面所提的忽略“旧”业态相类似（实际上，“新”“旧”业态和“强”“弱”商家之间有高度的关联性）。近年，不少著名的家电、快速消费品企业都在调整零售渠道策略，在与大零售商合作的同时，注重帮助、支持小型零售客户（尤其是三、四级市场上的小客户）。

第三，“寡头”商家之间的关系。在一些区域市场上，存在着这样的零售渠道格局，几个规模、实力不相上下的零售“寡头”并峙，作为同一个“战略群组”，它们对中小商家构成压力，但彼此之间却是形同冰炭，互不相容。面对这种状况，厂家往往陷入两难境地。全面介入，可能引发恶性竞争；只选择其中的一两个，又会丧失较大的市场份额。

第四，重点零售客户和非重点零售客户之间的关系。长期以来，许多厂家已形成了一种管理习惯，对零售商客户进行分类，并挑选出重点客户（有些行业称之为“KA”）予以差异化的扶持和帮助。这是一种富有效率的做法，但若操作不当，容易造成重点客户对其他非重点客户的过度挤压。这种现象屡见不鲜，说明许多厂家对零售渠道“点”与“面”的关系处理不当。

图 15－5 揭示了区域零售体系内部的多层次平衡关系。

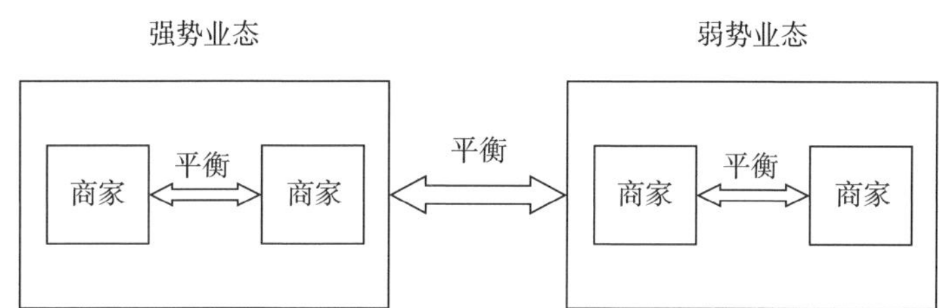

图 15－5　区域零售体系内部的多层次平衡关系

平衡并非意味着对不同业态和商家平均使用资源，或是政策上、管理上完全无差异，而是指不偏不倚、恰到好处，各业态、商家及其商店各得其所（各自有各自的定位和价值）、相安共生（避免激烈的渠道冲突）。对于厂家来说，在处理诸多复杂关系时和安排零售商的内部结构时，应把握和遵循一些基本原则。以下原则是我们设计零售渠道方案的指南。

第一，整体效能原则。确定零售商组合时，需从大局出发，考虑渠道体系的总体效果。一方面要注意个别的“点”对于整个体系的破坏——目前，少数连锁店在“跑马圈地”的过程中，店越开越多，竞争手段日趋激进，以致对原有的零售生态形成巨大的冲击，对此厂家应有所控制。另一方面，要从零售商结构上考虑避免过度竞争，减少零售渠道体系的内部冲突。

第二，优势发挥原则。在对零售商进行充分的调研、分析的基础上，依据各零售商的特点、专长，从优势互补、作用相济的角度安排零售商组合，从而使零售商体系中各个成员的定位（相对于厂家而言）清晰、合理。

第三，理性博弈原则。厂家在制定零售商结构方案时，要事先考虑零售商的可能反应，对零售商的行为要有预期；不能一厢情愿，或是迟钝麻痹；同时对多种可能的零售商组合方案进行详尽的利弊分析，必要时按“两害相权取其轻”的原则决策。在无法达到最优解时，不妨选择次优解（之所以这样说，是因为笔者经常遇到一些年轻的区域市场业务人员，为放弃哪个零售客户，不放弃哪个零售客户左右为难；他们总是在寻求最佳方案，有时往往会适得其反）。

第四，战略契合原则。在考虑零售商结构时，应以企业的成长阶段为背景，以战略任务和战略方针为前提和参照，使零售商结构符合企业战略的要求。具体说，应使厂家的产品结构、销售结构、顾客结构，与零售商结构高度契合，具有内在的一致性；厂家的成长战略以及“攻”“防”战略应有坚实的渠道基础和支撑。

在目前混沌、复杂的竞争环境下，合理确定零售商结构并不是一件容易的事。我们应把握流通格局演变的趋势，以长远的眼光，澄明的心智，务实的态度，共赢的理念，解决这一“市场剧变时代”的难题。

第十六章

Chapter 16

零售终端建设

合格零售终端的标准

零售终端是顾客亲身体验、购买产品（服务）的物理空间和场所，是企业（品牌）与顾客交互最重要的界面。零售终端的形态从大型超市、商场，到便利店、士多店（store，小杂货店），乃至无人商店、自动售卖机等，林林总总，丰富多样。从上游厂家（品牌）的角度看，所有的零售商场（店）是终端，品牌专区、专柜也是终端。由于零售终端是产品价值流流向最终消费者的最后一个闸口，因此对流通价值链上的参与者而言具有重要的战略意义。

在一定边界的区域市场上，比如，一个城市、一个县乃至一个乡镇，上游厂家（品牌）通常都会布局多少不等的零售终端。当然不同类别的产品，零售终端的总数量差距是非常大的。一个县域市场（县城加下辖所有乡镇），手机、家电等类产品零售终端的全部数目可能在百位数水平上，而某些快消品的零售店个数（如饮料、纸品等）则可能达到千位数甚至万位数。对于已进驻的零售终端，上游厂家从战略角度，可以将它们分为进攻类、防御类和骚扰类；也可以分为优势类、潜力类和弱势类；还可以分为增强类、维护类和淘汰类。这些不同标准的分类，体现了终端建设和管理的策略和思路。

建设和管理零售终端，首先需确定合格零售终端的标准。它们主要包括以下三类。

第一，销售业绩标准。零售专家认为，如果在某个零售终端，品牌产品销售增长，超过了其他品牌（或直接竞争品牌）产品平均增长；品牌产品销售份额，超过了品牌在当地所有零售终端的平均销售份额；那么，此零售终端对品牌而言就是合格乃至优秀的。

第二，终端形象和氛围标准。合格及优秀的零售终端，需满足下列条件：符合品牌的价值和风格定位；符合品牌的市场地位；需彰显专业性、规范性、时尚性和创新性；需为顾客提供良好的信息环境，符合顾客的认知要求；需设计情景化的体验环节和体验要素；需体现空间节奏（疏密有致）和商业美感；各个零售终端需体现统一性等。

第三，导购人员标准。合格及优秀的零售终端，不仅有业绩和硬件标准，更有软件（人员）标准。导购团队需服装整齐、服务专业；态度热情，行为规范，令人信任；不仅是产品方面的专家，同时也是沟通专家和心理专家。

顾客体验空间背景和环境的营造

零售终端的空间背景和环境，是顾客体验的“第一道线”或第一个界面。它好比是一个舞台，所有的演员，无论演什么戏、唱什么歌，都需以其为基础和依托。空间背景和环境的营造，在许多零售形态中，都有两个主体：一是商场（店）经营者；二是进驻商场（店）的上游厂家（品牌）。前者为后者提供了位置、一定面积的空间，后者需进行二度创造。例如，建材家居领域的红星美凯龙、居然之家和顾家家居、马可波罗瓷砖等；家电领域的苏宁、国美和美的、海信等；以及百货大楼和服装品牌、大型购物中心和品牌专卖店……

从上游厂家（品牌）角度看，狭义的零售终端建设就是指专卖店、专区、专柜的设计、建造和维护，所在商场（店）传播资源的开发、利用，以及环境布置。其操作指南如下。

1. 合理定位

根据品牌属性、产品特点、资源条件合理确定建设的体量、规模、样式，既要有利于销售和塑造品牌，同时又要考虑投入产出关系 。在达到效果的前提下，尽可能节约成本，提高销售效率。

2. 专业规范

专区（柜）设计、布置、装饰，样品陈列，物料摆放，宣传品展示发布，要符合统一的标准和要求，要体现出与品牌相符的专业内涵和风范；要提高各个零售终端的标准化程度，具有规范性和统一性。

3. 创新求异

在终端的某个（些）要素（如灯箱片、X 架、横幅、地贴、店挂、摆件、柜面展示 POP、礼品等）局部体现创新性，形成吸引注意力的差异“眼”。这些“眼”以动感、新奇、亲和、互动、时尚为特色。好像一出大戏，舞台的基本结构每一幕都不变，变动的是一些道具和装饰物品，以及和每一幕的主题相匹配。

4. 竞争抢位

以动态的眼光，根据竞争态势的变化和竞争策略的要求，敏捷反应，抢占最有利、最有效的终端资源——位置、面积以及传播媒体。一方面要对终端现场有深刻的理解，另一方面要以竞争为导向，策略清晰，反应快速，“该出手时就出手”。要与店面负责人、店员以及相关人员建立起良好的人际关系，充分调动各方的支持和积极性。

5. 分类管理

对不同业态、不同规模、不同区域的零售终端，建立有所差别的建设、验收和管理标准。既从整体上提升终端竞争力，又做到因地制宜、有一定的针对性。同时，对零售终端建设进行规划，分批分次推进（见表 16－1）。

表 16－1　零售终端建设规划

区域层次	业态	宽度（终端数量）	终端名称	终端定位	终端建设安排
			……		

表 16－1 中的“终端定位”，是指对各个终端战略意义、存在价值的判断。例如是进攻型终端还是防御型终端、是重点投入型终端还是普通维持型终端，等等。

6. 细节为重

通过严格、细致的过程管理，长期保持终端的鲜活、整洁，涵蓄终端人气，避免细节上出现瑕疵而影响整体。需建立终端维护和管理的规范及工作标准并有效执行。

终端建设中的关键环节

下面我们对厂家（品牌）终端建设（狭义）中的一些关键环节、要素，从操作角度再作一些建议。

1. 位置

在确定终端的位置时，主要考虑两个因素：一是零售商场（店）内顾客人群的流动状况，以人流必经、便于停留，呈抱合之势为基本要求；二是零售商场（店）内的竞争品牌的结构，即各个战略群组的分布。基本原则是“物以类聚，向上攀附”，意指务必将产品和属于同一战略群组的品牌摆放在一起，并且要和更强势的品牌相比邻——如果本品牌不是领导者型产品的话。这样做，是为了使顾客产生符合本品牌期望的群组认知，即哪些品牌属于一个群组，也是为了使本品牌与更强势品牌产生认知关联，避免被边缘化。

2. 陈列

产品陈列时，不同的产品系列之间、同一系列内部品种以及规格型号之间要有逻辑关系，体现清晰的市场定位理路；不同的产品系列内部品种分别对应、适用于哪些用户；同时，主次分明、重点突出。产品的呈现符合顾客的认知期待。最先进、最时尚的产品陈列在顾客第一眼就能看见、最容易接触、最方便体验的位置。

3. 信息

零售终端是产品信息的集合。广义的信息是产品及环境的总和，狭义的信息则是零售终端所有传媒载体标注、展现的文字、图形以及图片等形式的信息。就后者而言，应该做到含义清晰、直接鲜明、便于记忆广告语朗朗上口，富有趣味性和娱乐性；同时使内容和媒介相互契合和匹配，两者均形成层次上的纵深——内容层层递进，传媒载体多元化展开。

4. 体验

零售终端是顾客体验的舞台，顾客是各种体验戏剧的主角。零售终端应构置一些真实以及虚拟的场景，让顾客身临其境、贴近体验。通过体验，顾客真切地体会、证实产品的价值以及它们对于生活的意义。同时，增加零售终端的开放性和弹性，创造顾客参与价值创造的机会和条件，便于顾客自主认知、深化理解并做出最适宜的决策。

5. 风格

零售终端需有鲜明的风格，用充溢在全场的氛围之美吸引顾客、打动顾客。在风格设计上，对大多数品牌而言，应与目标顾客的审美偏好相一致，以便能触动顾客的人性和情感；同时适度超前，符合未来的时尚趋势。面向“新生代”顾客（“90后”“00后”顾客），更应营造清新、亲切、自然、温馨的氛围，同时体现科技之美。

零售终端的主题推广活动

为开发和吸引顾客，所有品牌均需以零售终端为背景、基础和依托，设计、开展主题化推广活动。“主题化”是指各种（类）营销活动，均有内容主题（核心概念和含义）。在零售终端以及终端之外的延展性现场（即与顾客接触、互动的各种场合），主题化营销活动应像波浪一样，有节奏地此起彼伏，并且一浪接一浪。基本的操作方式是：大主题，大波浪；小主题，经常上。具体来说，一年之内可以根据顾客购买、消费的时间规律和习惯，以及外部时节变化，安排若干次内容影响大、延续时间长、动员范围广、流量挖掘深的大型活动；同时在大波浪的间隙，持续举办一些内容较为简约的小型活动，激发“朵朵浪花”（见表16－2）。

表16－2　零售终端活动方案

时间：从________至________　　　　地点：________

目的	资源预算	终端选择和资源分布	目标	活动内容	操作细则	效果评估
……	……	终端A				
		终端B				
		终端C				
		……				

零售终端的主题化推广活动，按照目的可以分为三类。第一类是告知性活动，主要适用于新产品（包括新品类和新品种）上市；第二类是排空性活动，主要适用于库存产品处置；第三类是竞争性活动，主要适用于一定的市场竞争态势下市场份额、顾客资源的竞争。

在零售终端舞台上，上演的戏剧有许多不同的内容和主题。零售终端的主题推广活动可以概括为以下几类。

1. 实惠型活动

这是最常见的零售终端营销活动，主要目的在于市场份额争夺和库存排空。实惠的方式包括产品降价、捆绑销售（一组产品整体优惠）以及礼品赠予等。需要特别指出的是，许多行业在内部集中度提高的过程中，价格战不可避免；因此，行业中的大部分企业必须参与其中，即使不主动发起但也需在面临价格压力时坚决以牙还牙。但是，企业不能迷信价格战，市场领导者不可能通过价格手段一统天下；挑战者更不可能以低价颠覆对方的领导者地位。真正战略意图清晰、远大的企业，通常采取奇正相依的策略组合。一方面态度坚决应对价格战，降低系统成本和波动成本；另一方面坚持产品创新，以价值创新和速度制胜，保持总体、平均毛利水平基本稳定乃至上升。

2. 服务型

这类营销活动通常适用于销售淡季，目的在于塑造品牌、深化顾客关系。服务形式包括上门维护、保养服务；老顾客巡回拜访及回馈；产品以旧换新以及现场举办的便民服务项目。

3. 联谊型

这类营销活动旨在顾客互动，为顾客创造多种体验情境，增进与顾客的情感，具有趣味性、娱乐性、开放性（参与性）特征。例如，现场歌舞、猜谜、拼图、运动、诗歌背诵、益智比赛以及亲子活动、情侣活动等。新颖的创意和精细化的组织和参与性，是这类活动成功的关键。

4. 咨询型

这是以知识服务为主要内容的营销活动。通过现场专家讲解和咨询，可以使顾客（受众）更加深入、准确地认知、理解产品价值及使用方法等，解决顾客心中种种疑惑；并使顾客产生对产品及品牌的偏好。随着产品（如手机以及智能装备产品等）复杂程度和知识含量的增加，咨询型营销活动将会越来越受到青睐和重视。

5. 激活型

“激活”意味着活跃现场气氛、激发顾客的购买愿望。这类活动最常见的形式是抽奖。无论小概率的大奖，还是普惠型小奖，只要具有娱乐性和参与性，通常都会引发顾客的关注和兴趣。但近年来由于各类抽奖活动办得太多太滥（例如，各种零售终端都在砸金蛋），相当多的顾客对此已经不感兴趣。另辟蹊径、提升创意，是激活型营销活动的当务之急。

第十七章

Chapter 17

导购和引流

导购能力的提升

在零售终端的舞台上，导购人员——可能是上游厂家（品牌）派出的，也可能是零售商自聘的，是最重要的软性因素，是和顾客琴瑟和鸣的主角之一。导购人员的素质和能力，是零售终端竞争优势的决定性因素。

1. 导购能力提升的关键：角色转换

角色转换意味着导购人员自我定位的变化（见表 17－1）。

表 17－1　导购人员定位变化

原有定位	新的定位
产品销售者	零售店的经营管理者
销售员	营销员
执行为主	既执行又制定营销策略
被动运作	主动运作

从表 17－1 可得出结论，导购人员需从仅关注产品销售转到关注专区、专柜以至店面整体经营管理；从仅关注产品销售转到关注营销方案和竞争策略；从被动接受任务转到主动了解、预测市场；从单人作业转到强调团队配合与协作。

根据角色和定位的变化，导购人员的胜任力模型（零售能力）也需相应变化（见图 17－1）。

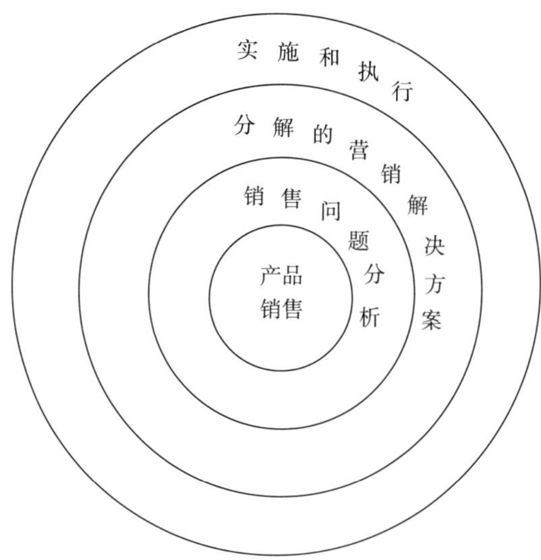

图 17－1　导购员零售能力的构成

总的来说，导购员需具备一定程度的把握顾客需求的能力（成为心理专家，发现和理解顾客的真实动机和想法），同时，需具备对零售终端的经营管理能力，能够创造顾客价值并获取收益。

2. 导购员作业模式新要求

根据导购员角色定位以及能力构成的变化，其现场作业内容、作业方式亦需丰富和升级。具体表现在以下几个方面。

第一，统计销售数据；积累研究顾客档案；分析顾客特点；

分析公司产品销售状况变化的原因；分析竞争品牌销售状况及原因。

第二，预测销售前景，制定计划期内的销售目标；提出在店内解决问题的思路和方法；提出资源投入和配置方案。

第三，向主管及上级提出支持要求。

第四，店面氛围营造、样品陈列以及小型促销活动的策划、运筹和操作。

需要特别指出的是，许多厂家及商家导购员对顾客的关注和研究缺失亦或粗糙，有鲜明的竞争导向、促销导向特色。导购员需分析顾客流量的空间分布和时间分布；需体察顾客言谈举止中反映出的动机、愿望和要求；需概括顾客购买及使用产品的典型情境、场景类型——这是设计顾客沟通模式（针对不同情境、场景）的前提。

3. 导购员沟通方式变化

第一，需对导购员的沟通行为做出细致的规范化要求。详情如表 17－2 所示。

表 17－2　导购员行为规范

导购位置	基本行为规范	产品推介顺序	产品“卖点”说明	顾客体验导入	顾客情感沟通

注：（上表中的“导购位置”是指与导购人员的职位相匹配的零售终端的空间位置，如“门前迎客”“专区讲解”等）

第二，区分不同的购买情境，有针对性地差异化灵活应对。所谓购买情境，是指顾客人群在特定的时间、空间背景和条件下，购买行为实际发生的情形。以家电产品为例，典型的购买情境有，一家人到商场为新居置办彩电、冰箱等；一对刚成家的男女青年添置一些厨房电器；一个刚入职的大学生买一个方便、简单、便宜的洗衣机等。这些情境中，包含有顾客的动机、需求倾向、决策模式。针对这些情境，我们可以提炼出一般性的、基础性的沟通程序和方法，导购员将其掌握之后，再结合实际情况进行创新。

第三，针对顾客常见的疑问，积累回答经验。例如，对于手机、家电等产品，顾客经常会说“新功能对我不重要！你们的产品在某方面不及某品牌”等。顾客有疑问是很正常的，导购人员需将这些疑问作为与顾客深入沟通的契机。顾客对新功能不了解，那么我们可以揭示新功能发挥作用、产生利益的具体情境和场景，激发顾客的潜在需求。顾客对竞争品牌产品某些功能评价较高，那么我们可以用摆事实、讲道理的方式，或者降低竞品优势功能的心理权重（即心理上对某种产品功能相对重要性的评价），或者重新塑造顾客对不同品牌功能优势的认知，使他们得出结论：原来你们的产品这方面也不差啊！

第四，控制与顾客互动的“关键时刻”。顾客来到零售终端和导购人员直接接触的那段时间属于“关键时刻”。之所以“关键”，是因为在短短的几十秒或几分钟内，顾客往往会形成对品牌、产品、人员的看法并做出是否购买的决策。导购人员需对“关键时刻”进行控制：尊重顾客，态度热情、亲切，行为标准、规范，讲解专业……这样可以使顾客基本满意。同时在现场发现顾客的隐性需求——往往与购物无关，是在当时情境下发生的，如下雨未带伞，经过施工场地身上沾了灰尘，大热天需要凉开水，等等，即时做出善解人意的回应和服务，使顾客情绪出现脉冲，产生强烈的感动。顾客感动的这一瞬间，也可以称作“真实的瞬间”（Moment Of

Truth，MOT），而顾客这一刻的感受，则可以称作“瞬间的真实”——发自内心的真正满意（见图 17－2）。

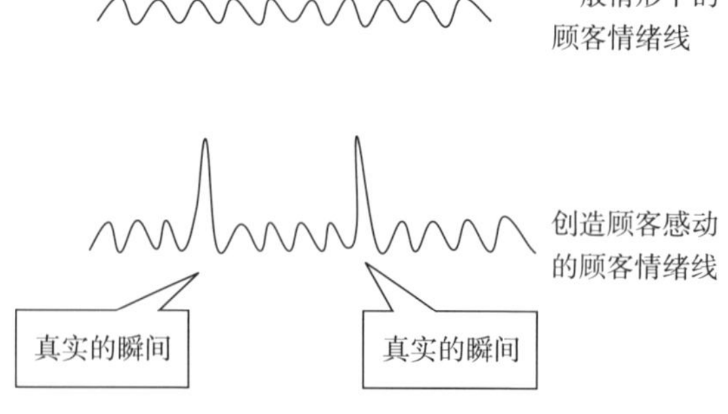

图 17－2　顾客情绪脉冲示意

营销决战在店外：顾客引流和掘流

在消费品领域，各企业（品牌）对顾客流量的争夺已到白热化地步。所谓顾客流量，实际上就是潜在的需求量。随着竞争的加剧，获取顾客流量的成本越来越高，难度越来越大。按照深度分销的理念，我们不能在零售终端等待顾客流量自然流入；需以零售终端为平台，到店外更广阔的空间里去，不仅仅要去引流，更重要的要去掘流——将潜在的、隐性的流量挖掘出来。

读者朋友们可能最关心的问题是：到哪里去引流、掘流？如何引流、掘流？概言之，就是引流、掘流的途径和方法。笔者在 2018 年 1 月出版的新著《连接：顾客价值时代的营销战略》一书中，提出供给侧品牌与需求侧顾客的交互，发生在网络、社群和现场三个空间。而顾客流量就分布在这个空间内。它们相应地成为顾客引流、掘流的三个途径（见图 17－3）。

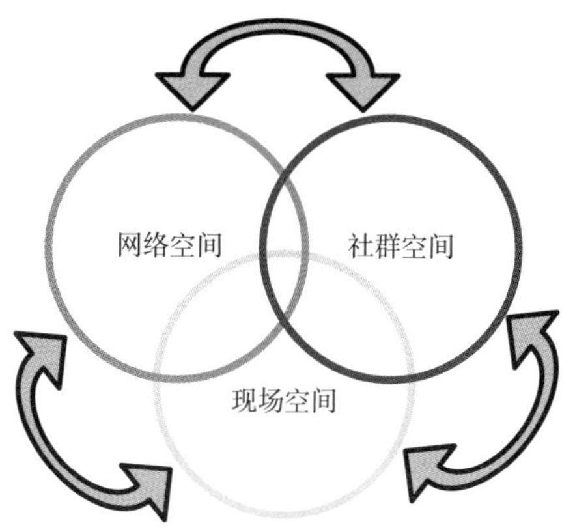

图 17－3　顾客流量分布的三个空间

现场空间由两类“现场”组成：一是零售终端现场；二是零售终端以外的现场——与顾客发生交互（沟通及交易）的所有物理空间，如社区、小区、楼盘、广场等。目前，家居、建材、家电等行业的企业（品牌）以及零售商、零售终端对第二类“现场”都很重视，将它们作为引流、掘流的主要途径。各种现场活动是引流、掘流的主要方式。

社群空间是由社群成员组成的社交网络和社群集合。所谓社群，是以一定的功能（利益、情感等）为纽带将个体连接起来的、彼此之间发生联系的群体。互联网时代到来之前，社群就已经出现和存在，连接机制是各类线下组织（如同学会、老友会、顾客俱乐部等），主要的互动形式是线下活动。到了互联网时代，网络化的沟通平台（如微信、微博、网络社区等）使社群的组建、运行更加方便、快捷，使社群内部的互动更为顺畅和丰富；目前林林总总的社群都具有了一定程度的网络化和虚拟化属性。也就是说，虽然线下互动依然重要，但社群运行主要依赖于互联网尤其是移动互联网。从品牌商（制造商）和零售商角度看，顾客社群包括以下几类。

一是以现有顾客为基础的社群，由传统的顾客会员组织演变而来。由老顾客（他们是顾客社群最宝贵的种子）介绍新顾客，是效率最高、成本最低、信任度和交易转化率最高的社群引流、掘流方式。但是，老顾客、新顾客之间的口碑传播，是以产品品质、服务品质、体验细节、品牌影响力以及人员素质、管理体系等为基础的，大部分企业（品牌）难以做到。

二是以特定机构中职业人群为对象的社群，比如，学校中的教师社群、医院里的医生社群等。它们基于一定区域内某个或某些机构（学校、医院等）的设置。这类社群的引流、掘流方式主要是社群活动、内部沟通以及意见领袖推荐。

三是以特定空间（社区、楼盘等）为边界的社群，比如，某新开发小区购房者组成的社群。社群成员集体优惠（团购）、社群成员样板示范，是这类社群的主要引流、掘流方式。

以上三种社群，其内部连接的强度是不同的，从而在引流、掘流的效率、所需资源和主要方式等方面形成差异（见图 17－4）。连接强度（据此可以将社群分成强连接社群、弱连接社群等）和引流、掘流的容易程度成正比。

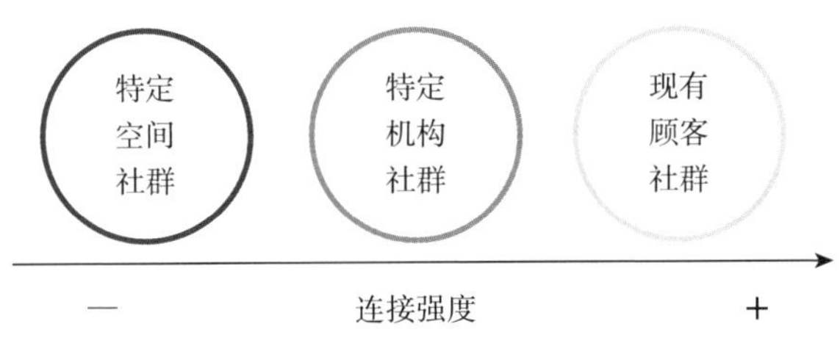

图 17－4　三种社群的内部连接强度

网络空间主要由电子商务网站以及垂直（主题）类互动社区组成。这一空间内的流量，来源于习惯网络购物以及网上查询信息、进行比价、参与分享的顾客。吸引他们的主要方式是价格优惠类活动和事件（如“双11”等），富有吸引力的线上互动以及信息展示等。目前，网络空间内的流量越来越大，但引流、掘流的成本却越来越高。这主要是因为网上电子商务平台之间、电子商务商店之间、制造商品牌商店之间、媒体社区之间……竞争越来越激烈，获取流量的边际投入越来越大；同时，流量开始向网上寡头集中（网上寡头具有规模效应和生态效应，例如天猫、美团等），其他竞争者遭遇引流壁垒。此外，线上流量转化的交易，其利润贡献往往较低甚至亏损——线上价格战导致赔本赚吆喝。正是在这样的背景下，上游制造商对线下流量愈发地重视和珍惜。

网络、社群、现场三个空间是存在交集的。它们都是会员顾客流入的端口；同一个顾客亦会在三个空间内出现：既逛店，又上网，同时还是社群成员。也就是说，有些顾客流量既属于网络空间，也属于社群、现场空间。从趋势看，三个空间的交集将越来越大。这也意味着，三个空间内的流量可以相互转化并且相互激发（使总流量放大）。线上流量大了，自然有一部分会流到零售终端现场；反之亦然。同样，社群规模越大，转换到零售终端现场以及线上的流量就会越多。

第十八章

Chapter 18

基于零售终端的产品管理

零售终端产品的出样管理

零售终端是产品展示和陈列的平台。对终端产品出样的管理，将产品和渠道两大营销要素整合起来，既是产品生命周期管理的重要组成部分，也是终端管理的应有内容。

1. 不同零售业态及零售终端的出样计划

如果零售终端各分属于不同业态时，终端产品出样管理的首要任务是统筹区域市场各业态所属终端的出样总数和内部结构（见图 18－1）。

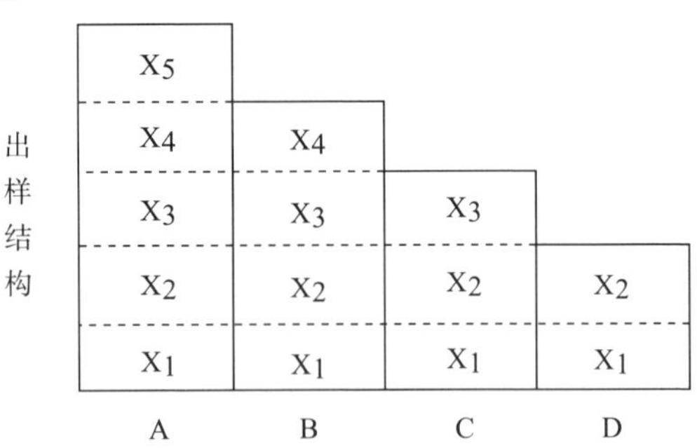

图 18－1　不同零售业态的产品出样数

在图 18－1 中，A、B、C、D 是体量从大到小的各类零售业态，分别能容纳不同数目的产品样品。各业态样品大部分相同，少数差异，反映了不同业态的目标顾客跨度；换个角度看则反映了不同业态的市场聚焦程度。以家电产品为例，D 业态通常是农村乡镇小型家电零售店，由于面积等因素限制，只能陈列展示少数几个产品品种；而 A 则是县域或地级市大型连锁家电商场，陈列的产品品种系列齐全；而差异于其他业态的多为定位高端市场的品种。

在制订不同零售业态以及不同零售终端产品的出样计划（出样总数和内部结构）时，需考虑的主要因素有以下几点。

第一，产品的目标市场定位。

第二，竞品出样状况。

第三，零售业态及零售终端给予的出样条件和其对出样的要求、期望。

第四，上游品牌自身的目标、地位和竞争策略，自身的资源、管理能力状况等。

2. 零售终端上出样产品的策略意义

零售终端上出样的产品，蕴含着策略和经营意义。从业绩贡献及战略重要性角度，可以将出样产品划分为以下几类（见表 18－1）。

表 18－1　按照重要程度分类的零售终端出样产品

类别	定义
核心产品	定位于主流顾客人群，符合毛利期望，销售量最大、总利润贡献最大的产品
重要产品	定位于次主流顾客人群、在利润或销量上占有较大比重的产品
次要产品	定位于小众顾客人群，主要获取利润或销量边际贡献
附属产品	主要是与核心产品、重要产品配套或作为补充的产品

零售终端出样产品，按照营销意义可以分为以下几类（见图18－2）。

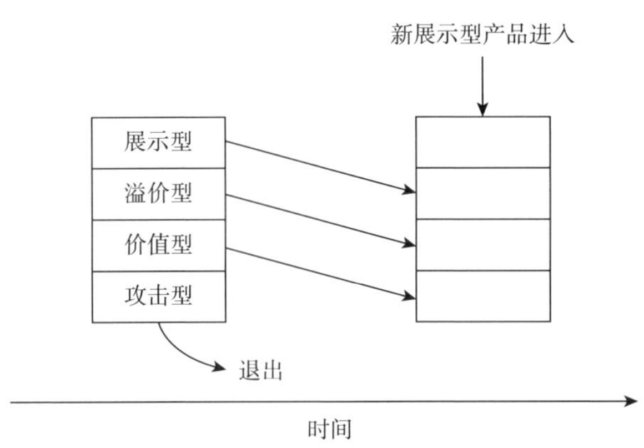

图18－2　零售终端出样产品按营销意义分类及动态迭代

“展示型”产品属于代表未来的概念性新产品，其在零售终端的主要意义在于提升品牌形象，进行产品以及技术新知的传播，塑造消费者对未来产品的期望。由于价格昂贵抑或概念超前，这类（种）产品的实际销售数量极少。“溢价型”产品之所以冠之以“溢价”，是因为其价格超出了价值。对大部分消费者而言，这类（种）产品并不物有所值；但对少数高收入且有高消费冲动的消费者而言，他们愿意用更高的价格换取普通产品所不具有的优良品质和差异化价值。对上游品牌厂家而言，这类（种）产品的意义在于，进行市场预热——现在的“溢价型”产品就是将来的“价值型”产品；同时，获取一定的利润，并“撇脂”少数高端顾客。“价值型”产品是具有价值优势以及性价比优势、最受主流顾客人群欢迎的主力产品，既有较大的销量亦有可观的利润（即量利均衡）。“攻击型”产品即低价产品，主要用于价格竞争。主动挑起价格战时，可称之为“攻击型”；被动应对价格战时，可称之为“防御型”。

从动态角度看，攻击型产品在一段时间之后将退出市场，价值型产品将下移为攻击型产品，溢价型产品将转变为价值型产品；同时，创新型新一代产品面市成为展示型产品。

3. 产品品种和产品系列更替

上游品牌厂家进行产品企划时，通常会绘制产品地图，确定不同产品品种以及系列进入市场及退出市场的时间。这属于产品生命周期管理的内容之一。零售终端产品出样时，需准确理解产品地图，把握产品品种以及系列更替的时点和流程，对样品（家电、手机等行业称作样机）转换提前做好精细安排（见图18－3）。

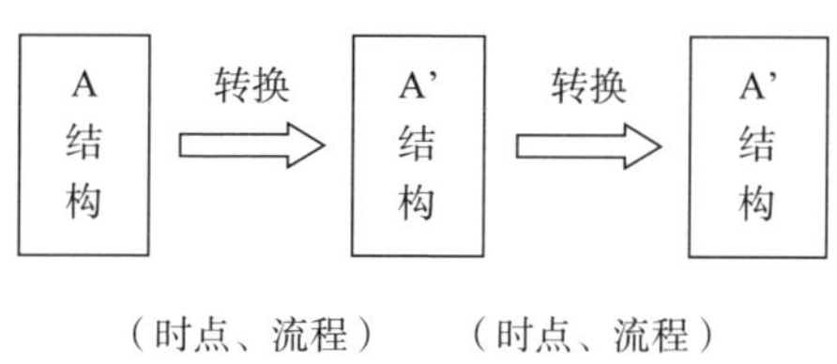

图18－3 产品品种及系列的转换

手机、家电、家具等品类产品，样品（机）处置殊为重要。不仅涉及流通成本，而且涉及流通价值链的运动节奏。这里提出样品（机）处置的若干操作建议有以下几点。

第一，加快样品（机）周转，提高价值链运动速度。

第二，样品（机）尽可能消化在终端；减少甚至杜绝反向物流。

第三，与强势终端合作时，尽可能避免样品（机）方面的不利条款。

第四，强化对样品（机）库存、周转的考核；强化样品（机）费用的预算管理；强化样品（机）在不同零售终端的精细化调度。

第五，避免向零售终端过度压货。

第六，除现场优惠促销外，寻找集中出货端口。

产品在零售终端的横向竞争基准

在各类零售终端上，不同类别、不同层级的产品均需有清晰的横向竞争标的，使顾客可以较清晰地辨识并比较性价比；同时，有针对性展开“水平竞争”和错位竞争（见图18－4）。

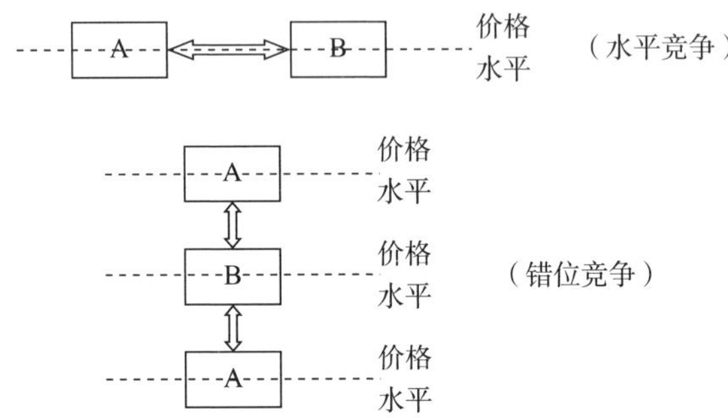

图18－4　零售终端产品价格竞争的两种形态

在图18－4中，A和B分别代表两种品牌。“水平竞争”是指品牌A产品针对相同价格水平的品牌B产品直接进行竞争。“错位竞争”是指品牌A产品分别从高价位和低价位两个方向针对品牌B产品进行竞争。例如，顾客欲购买竞争品牌的高价产品，我们可以强调本品牌中价产品的性价比优势；顾客欲购买竞争品牌的低价产品，我们可以推荐本品牌的中价产品，强调产品经久耐用，更有性能和品质优势。

产品生命周期和零售终端的关联

产品生命周期，是产品从进入市场到退出市场的全过程。处于生命周期不同阶段（导入、成长、成熟、衰退）的产品，其终端策略是有差异的。换句话说，产品和终端两个营销要素，在相互匹配和支持的原则下，具体的衔接方式受产品生命周期因素的影响。

产品在导入期，可以在“点”（少数零售终端）上进行布局。这主要有三个目的：一是测试市场，了解市场对新产品的反应；二是培训导购人员，使他们熟悉产品、知晓顾客对产品的关切；三是做出告知并以这些“点”为根据地蓄积第一批用户，培育和预热市场。

产品进入成长期，需快速扩大网点布局；在核心、重要网点上形成展示优势；同时，在零售终端进行传播压强，推动其销售起飞。

产品发展至成熟期，则应进一步扩大零售通路宽度，进入次级零售通路（经营质量差一些的零售网点，大都销售附加值较低的产品）；以较强的性价比优势延长生命周期，压倒对手；并有针对性地进行促销。

产品已到衰退期，则将存货集中到某些业态或某些零售网点，加大力度迅速排空；采用回收、置换等方式，及时处理渠道中的尾货。

第五篇

深度分销的成功实践

第十九章

Chapter 19

县域市场的营销策略（以家电行业为例）

县域家电市场的战略意义

家电企业通常将全国市场划分为5个层次。北京、上海、广州、深圳等特大城市为一级市场；大部分省会城市、副省级城市以及少数发达地级城市（如苏州、无锡、佛山等）为二级市场；大部分地级城市以及少数发达县城（如昆山、张家港等）为三级市场；大部分县城以及少数发达乡镇为四级市场；大部分乡镇为五级市场；乡镇之下的村庄为六级市场。少数不发达的省会城市、地级城市以及县城均下移至次一级市场。也有家电企业将特大城市和省会城市合并为一级市场，这样的话，全国市场则分为5个层次。

按照上面6个层次的市场划分，四、五、六级市场集合起来构成了县域市场。之所以将县域市场称作边界相对清晰的独立市场，主要是出于以下几个原因。

第一，县域市场和农村市场基本同义。我国正处于城市化的转型期，大部分县城顾客的消费习惯和大中城市的差异可能大于和乡镇、村庄顾客的差异。换句话说，县城顾客具有一定的乡镇、村庄顾客的属性。

第二，在我国现有行政区划下，县域中的县城和乡镇、村庄联系紧密（目前很多地方乡镇、村庄居民到县城购房现象越来越常见），县城对周边乡镇、村庄有相当大的辐射作用；县城、乡镇和村庄构成一个区域经济共同体。

第三，从地理分布角度看，许多县城、乡镇及村庄，距离中心城市（主要指地级市、省会城市）较远；在市场管理、物流配送、售后服务等方面，厂家（品牌）需采取不同于中心城市的差异模式。

第四，县域市场平均的人口规模（几十万至百万）、市场容量以及空间半径，与厂家（品牌）渠道网络体系中最小单元（某经销商或代理商独家覆盖的零售网络）设立所需的条件正好吻合；与厂家（品牌）业务人员市场管理空间单元（意味着独立设立责任目标、制定策略、配置资源）的合适边界正好吻合。

对绝大多数国内家电企业（品牌）来说，县域市场具有重要的战略意义。

首先，县域市场对很多产品品类的有效需求总量占全国的一半以上。若干年前，政府家电下乡政策，曾极大地激发了农村市场的需求；目前，随着县域市场的消费升级，空调、冰箱、厨房电器、电热水器等家电产品的主要需求增量来自于这片广阔的天地。

其次，县域市场的渠道形态较为传统，顾客亦有自己的消费心理和习惯，这为厂家（品牌）在市场沃土中深深扎根、构建竞争壁垒、营造不受冲击的利润区创造了条件。部分国产家电企业（品牌）若向市场纵深方向延伸发展、掌控农村基层零售终端并与农村消费者直接互动，则进可攻、退可守，可以获得战略回旋空间，有利于建设“品牌—渠道—用户”三者相辅相成、相互增强的生态化区域市场根据地。

再次，县域市场有利于上游厂家（品牌）拓宽产品品类、扩展渠道网络功能。农村消费者在兴办婚嫁大事或乔迁新居时，常常偏好同一品牌各品类产品配套购买；因此，厂家（品牌）的流通价值链则必然成为综合型、解决方案型的供应链；县城、乡镇的零售商，必然成为小区域内的多品类产品经营中心。而厂家（品牌）产品品类多元化，则是其在县城、乡镇开设专卖店的前提。

最后，县域市场有利于厂家（品牌）培养销售人才、锤炼基层团队。较远的管理路径、水平参差的经销商、构成复杂的消费者、艰苦的工作生活环境，这些因素对于厂家（品牌）一线销售人员既是挑战，也是极好的锻炼机会。因此，县域市场尤其是农村市场的开拓，对许多厂家（品牌）来说，收获的不仅仅是金灿灿的粮食，而且还有一大批在责任田里精耕细作的种田能手。

农村顾客的消费心理和行为特征

县域市场顾客的结构是城镇顾客和农村顾客的组合。一部分城镇顾客的消费心理和行为特征更接近于城市顾客，而另一部分——在欠发达地区通常是大部分——则由于他们来源于农村，和农村顾客基本类似。下面我们概要分析农村顾客的消费心理和行为特征。

第一，由于购买彩电、冰箱、空调、热水器等家电产品属于大宗开支，因此购买时很慎重，属于复杂性购买；对价格、品质和服务都非常关注。

第二，由于知识程度较低以及和供货厂家及经销商信息不对称，其购买行为容易被厂家（品牌）和渠道引导；同时由于缺乏足够的决策信息，从众和趋同成为必然选择。这种购买行为背后的心理动机是减少错误、失误，间接地体现消费安全。

第三，由于所处的信息环境与城市相比较为单一等原因，对广告宣传容易接受、容易相信（这也意味着农村市场具有较高的广告宣传费投入）；但认知认同的深度较浅，易于“跟风转向”，品牌忠诚度不高，有可能出现品牌轮换现象。

第四，由于村间邻里交往频密，因此常常有攀比倾向和显示地位、财富等潜在消费动机。

第五，购买行为往往和家庭大事（如婚嫁喜事、父母寿庆、新居落成、返乡探亲等）结合在一起；另外由于农民获取收入具有季节性，因此农村市场销售的季节性特征明显，季节性波动要大于城市。

第六，出于售后服务保障等方面的考虑，倾向于选择熟人渠道购买产品；也就是说，购买建立在信任的基础之上。

针对县域市场顾客的需求特点——总体来说追求价廉和实惠，家电企业（品牌）应提供性价比较高的优质产品（在不同的成本、价格水准下，均有高品质产品）；同时根据县域顾客（尤其是生活在村庄的真正农村顾客）自身的认知水平以及消费情境和条件，进行差异化的价值定位，开发专属功能及“卖点”。产品的名称、造型、包装等，应具有鲜明的喜庆、亲和、体面等特点。需要特别指出的是，农村顾客对售后服务的承诺和保证极为关注，厂家务必构建贴近顾客、快速反应、收费便宜、品质可靠的服务体系和平台。

目前，某些家电企业（品牌）为农村顾客提供消费需求支持时，往往走入两大误区。一是利用农村市场相对封闭、信息不对称的特点，销售一些“贵”的产品。这里的“贵”并不是指家电产品的绝对价格，而是相对其性能、品质和价值而言的。换句话说，这些“贵”的产品，价值是虚浮甚至虚假的。二是把一些一级、二级市场即将淘汰的产品销往农村，没有为农村市场规划专门的产品线。随着电子商务的普及，以及“90后”“00后”成为消费主体，农村市场上家电产品电子商务销售比重越来越高（在一些发达地区已占30%左右），这在某种程度上是农村实体零售终端部分产品价格偏高的结果，同时也使虚浮的价值定位变得不可持续。如果将县域市场视作相对独立的战略性市场，则应避免上述误区。

县域市场的渠道模式

家电企业开发县域市场，首先需要解决的策略问题是确定合适的渠道模式。所谓渠道模式是指能够将产品以交易方式传递、交付给顾客的渠道结构以及商流、物流、信息流运行方式。县域市场（主要指农村市场）的渠道模式应符合以下几个要求。

第一，在零售终端零散分布的前提下，对乡镇乃至村庄零售终端能够进行有效覆盖。农村市场的特殊性，很大程度上在于其网络覆盖的难度。如果把一、二级市场的零售终端比作开采成片矿藏的大井的话，乡镇及村庄零售商则是开采零星资源的小井。只有把小井开采量集合起来才有一定的产出规模。面对众多的小井，可行的模式可能只有深度分销。

第二，在乡镇乃至村庄零售经营者素质普遍有待提高、经营实力及抗风险能力较弱的情形下，上游厂家（品牌）的赋能平台能够贴近零售终端。上游厂家（品牌）通过扁平化的渠道结构，将管理的触角延伸至零售终端乃至更底部的市场层面，实现厂家和零售商双方价值链的深度融合（共同为顾客创造价值）。

第三，根据农村零售商家的进货特点——单次订货规模较小（例如有时只订一两台冰箱、洗衣机）、订货频次较高（例如有时一周进两三次货），上游厂家（品牌）以及区域型批发商的物流体系，能够实现敏捷配送——及时、方便、准确，送货次数频密，库存周转加快。

第四，面对分散的零售客户，厂家（品牌）的渠道网络能够有效整合、共享和利用数据。在渠道价值链上，厂家（品牌）、批发商、零售商需共建信息平台；同时以微信等即时通信工具为纽带，将顾客信息也吸纳进来，真正将数据流打通。

第五，为解决农村市场渠道网络建设与运行的投入产出比问题以及效率问题，厂家（品牌）的渠道网络需具有较“轻”的形态。这意味着厂家（品牌）充分利用社会渠道资源，形成既向外部开放又能实现一体化管理的“大网络”。

目前，家电企业县域市场渠道通常有两种模式：一是厂家设立区域（通常以地级市为边界）销售机构，面向县城、乡镇零售网点全面直供（见图 19 -1）。二是厂家与区域（通常以地级市为边界）分销商（批发商）合作，由后者向县城、乡镇零售网点供货。黑色家电（彩电）企业主要采用前一种模式，而白色家电（冰箱、洗衣机、空调等）、小家电、厨房电器、热水器等产品品类企业，则主要采取后一种模式（见图 19 -2）。

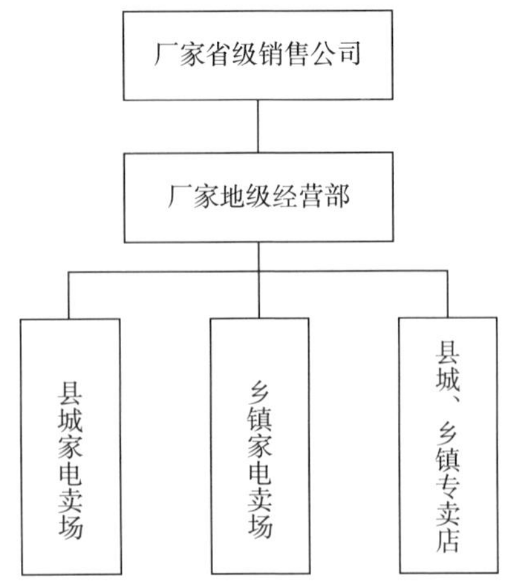

（图中实线为商流和管理流，物流可另行安排）

图 19－1　厂家（品牌）区域销售机构直供模式

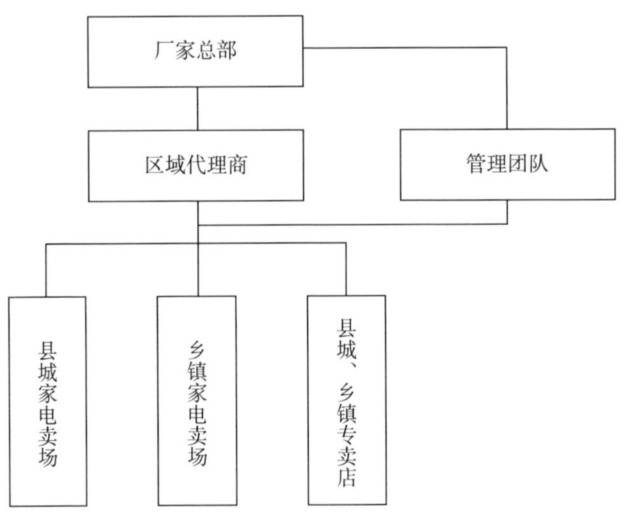

（图中实线为商流和管理流，物流可另行安排）

图 19－2　厂家（品牌）与区域代理商合作的分销模式

对厂家（品牌）而言，前一种模式的优点在于可以直接管理、服务零售，缺陷在于管理难度大、管理成本高。后一种模式的优缺点正好与前一种相反，管理难度小、管理成本低，但对零售网络的掌控力度较弱。目前，这两种模式有从两侧向中间融合的趋势，做直供的厂家（品牌），对区域销售机构实施员工持股或吸纳社会商家成为参股股东，强化其市场属性；而做分销的厂家（品牌），则通过参股代理商等方式，推进“市场化交易，一体化管理”，进一步提高对渠道网络（包括零售网络）的掌控力。这也算是基于中国市场特点的殊途同归吧。

深度分销的新形态：隐性渠道向市场深部延伸

开发县域市场尤其是农村市场，深度分销做到乡镇零售终端这一层面是不够的，需建立隐性渠道深入到村庄顾客中间引流和掘流。这里的隐性渠道是指非物理形态的人际渠道，载体是生活在村庄的兼职业务（销售/服务/宣传）人员。他们可以是村里的干部或干部家属，也可以是小卖部的店主或意见领袖，最重要的任职条件是热心为村民服务、沟通能力较强（通俗地说，就是喜欢“张罗事儿”）。厂家（品牌）和乡镇零售商可以在每个村找到这样的合作伙伴，赋予其开发维护市场的责任，设计有一定吸引力的多元激励机制（利益激励 + 学习激励 + 社交激励），激发他们按照厂家（品牌）的意愿，以渗透方式开发村级市场。具体来说，村级兼职业务人员有以下主要责任和工作内容。

第一，调查本村各家各户的家电需求状况（需求什么品种，需求何时发生等）——谁家的女儿要出嫁，谁家的儿子要成婚，谁家的新房快建成……并将需求信息反馈给乡镇零售商。得知这些信息后，乡镇零售商及时上门，为顾客提供适宜、可信的产品组合方案。

第二，在村里挨家挨户发放优惠券等宣传品，组织小规模的团购。

第三，配合厂家（品牌）、渠道的业务及推广人员，在村里举办有关宣传推广活动。

第四，了解村庄用户产品使用状况，保护村庄用户的合法权益；出现产品质量、服务质量等问题时，充当厂家（品牌）与用户之间的沟通协调桥梁，帮助村庄用户及时解决问题。

第五，在村庄里组建、运作移动互联网（微信）社群，传播品牌信息，与村庄顾客持续互动。

显然，对家电厂家（品牌）来说，如果隐性渠道网络真正在广大乡村铺设开来，并能有效运行，那么就筑就了“针插不进、水泼不进”的农村市场竞争屏障。这是县域市场深度分销的极致状态。当然，做到这种程度殊为不易，依赖于强大的品牌力、产品力、渠道控制力和一线团队战斗力。

图 19－3 描绘了农村隐性渠道的运作模式。

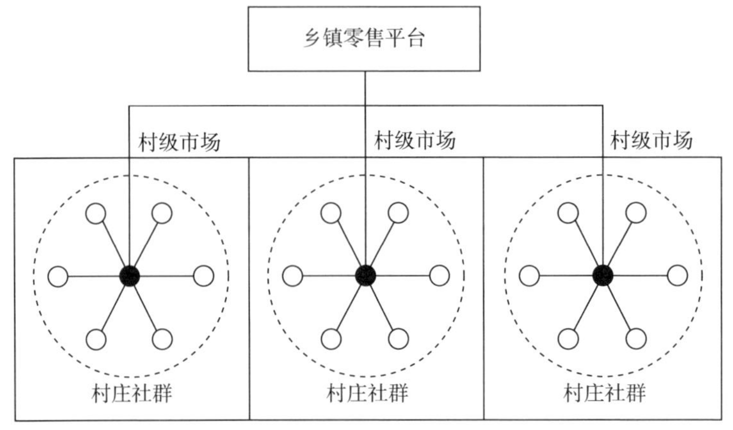

（图中实心“●”即隐性通路：村里的兼职业务/销售/服务/宣传人员；空心“○”表示村庄中的顾客。）

图 19－3　农村隐性渠道的运作模式

村庄是天然的社区，村民是天然的社群。互联网时代，以村庄社群为依托，将信任营销、熟人营销进行到底，是未来家电企业（品牌）获取农村市场优势的主要途径。

县域市场的渠道利益保护

早在1998年，笔者在给TCL（彩电）销售公司提交的农村市场策略报告中，就提出了“深筑墙，多产粮，缓称王”的主张。所谓“深筑墙”是指市场保护；“多产粮”是指区域市场精耕细作；“缓称王”是指韬光养晦，不和经常有高调言论的市场领导者正面对抗。县域市场的零售商（尤其是乡镇一级零售商）大多数经营规模小、综合实力弱，经不起窜货、乱价的冲击。因此，上游厂家（品牌）需通过区隔性的市场策略以及严格的市场管理等手段，强有力地维护市场秩序，保护零售商的利益。

从TCL、创维等企业的经验看，划定市场区域，保护市场“责任田”不受侵占，保障零售商利益，为面向农村顾客的渠道网络注入了极大的动力。得到保护的零售商会迸发出极大的主动性和积极性。保护市场，实际上是保护零售商生存和发展的权利，是保护整个渠道网络的基础，是精耕细作、建立渠道忠诚的前提。目前，冲击区域市场的源头主要有两个。一是一、二级市场（城市市场）大型卖场的价格战和促销活动；二是线上零售电商以及B2B批发电商的低价引流动作。对此，上游厂家（品牌）需尽可能地用产品品种进行区隔。

如果无法实现产品区隔——没有差异化品种，那就必须严格控制线上网店以及B2B线上批发商价格，甚至不与线上低价网店以及B2B线上批发商合作。前几年，有些家电厂家（品牌）过于偏好线上销售，不注重控制线上价格，多年培育的县域市场线下网络几乎被破坏殆尽。结果，并没有提升整体市场份额，却造成了巨额亏损。在顾客流量面前，一切渠道都是平等的，不存在哪个渠道更优，完全没有必要用“自杀性”低价方式将宝贵的流量从线下引到线上。

有的朋友“书生气”地认为，线上流量更有大数据价值；其实最真切、最生动、最丰富的数据是我们直接与顾客互动中产生并记录下来的数据；丢弃了线下数据追逐虚拟空间里的抽象数据，实际上属于买椟还珠行为。阿里、腾讯之所以进入线下渠道，很大程度是盯上了宝贵的线下流量和数据。笔者并不否认、忽视线上渠道的作用，这里只是提醒家电企业（品牌），需对线上、线下两类渠道通盘考虑，安排平衡的、总体结果最优的渠道结构。最佳的局面是线上、线下两类渠道相互引流，相互激发，使顾客流量越来越大。

有的读者朋友或许会问：农村市场上，线上电子商务会不会替代线下交易？B2B 线上分销会不会替代线下批发？笔者的回答是，在未来相当长的时间内，这两种替代要么是缓慢的，要么存在不可逾越的边界。大部分农村顾客偏好熟人渠道的习惯，以及获得渠道服务保证的愿望短期内不可能改变。面对乡镇零售商的赋能与服务，则必须是近距离的和直接的，必须具有人际关系属性和情感属性。未来由厂家、批发商、零售商、顾客组成的流通价值链上，各环节之间的支付流、资金流将主要汇集在线上，而管理流、服务流则主要在线下发生。

保护县域市场渠道利益，维护市场秩序，责任主体在于上游厂家。很多情形下，产品流向紊乱、窜货蔓延、价格波动的根源是上游厂家的投机主义。向渠道压货；为了短期任务的完成漠视、姑息甚至纵容部分商家违规“放水”；为了自身利益，乱开分销及零售渠道；价格政策不稳定、不连贯，造成价格体系长期不稳定……所有这些做法，都是在鼓励商家与厂家进行短期零和（负和）博弈，不能使渠道形成稳定的期望，也无法与渠道形成持久、坚固的伙伴关系，有可能导致渠道价值链破损和断裂。这是志向远大的家电企业（品牌）需要避免和防范的。

保护市场，说到底是战略认知问题和价值观导向问题。

县域市场的整合传播：“空袭”和“陆战”结合

县域市场中的地理单元（县城、乡镇、村庄）与一、二级市场相比半径较小，信息传播的效率较高，更容易与顾客直接、深入互动，也更容易对竞争品牌形成传播之墙。根据县域市场的受众、媒介特点，这里提出若干整合传播建议有以下几点。

第一，增加信息传播的密度，叠成信息之“场”。可以选择多种媒体，如路牌、车身、店招、布幔等，持续、立体地进行传播，使顾客迅速认知；同时使受众在频繁接触信息的“场”中，在日积月累中接受内容，形成潜意识认知。

第二，持续激活市场，保持市场的温度。可开展一些贴近消费者、与之深入互动、使之鲜活体验的营销事件。活动的地点可在卖场、社区、广场、集市，活动的内容可以有优惠、服务、咨询、联谊、激活（抽奖等）诸多类型。

第三，运作社群，发展意见领袖。较小的地理单元，为组织和运作社群创造了条件。可以在传统的顾客会员制基础上，组建范围更加广泛的社群；开展社群活动，为社群成员提供优惠，不断深化与社群成员的关系。同时在社群成员中，发现对其他顾客具有不同程度影响力的意见领袖，将他们作为最重要的传播目标以及长期合作的伙伴。可以聘请社群意见领袖担任市场信息员，及时反馈顾客意见、愿望及抱怨；其中一些有意愿有能力的可以开发为隐性渠道（本章第2节“深度分销的新形态：隐性渠道向市场深部延伸”）。

第四，直接接触顾客，实施精准沟通。县域市场尤其是乡镇乡村市场，顾客与零售经销商通常都比较熟悉并有不同程度的联系。因此，建立顾客档案、与顾客“一对一”“面对面”直接营销、精准互动，成本较低，比起一、二级市场更加具有可操作性，也会有更好的效果。

县域市场开发的效率问题

县域市场开发的最大难题是效率——人员多，投入大，营销成本高。应从开源节流几个方面同时入手。

第一，把县域市场作为战略性市场，做好市场开发规划。先从潜力较大、市场相对成熟的地区起步，先易后难，循序渐进。这样一方面可以提高资源的使用效率，取得较好的回报；另一方面可以积累经验、培养人才，形成可借鉴和复制的范例。

第二，因地制宜，在统一的原则下，不同地区可采取差异化的渠道模式及市场开发方式。这要视当地市场容量、市场结构、渠道资源和特点，以及本企业（品牌）对区域市场的定位和目标而定。有些地区深度分销可以“深”些，而有些地方则可以“浅”些。

第三，提高策略的准确性和执行的有效性，使耕耘能有收获。对资源的配置和使用进行精心、细致的安排，提高资源投入的效果。

第四，严格管理市场秩序，防止产品价格的无序和无谓下降，阻止恶性竞争，防范价值的流失。在保持价格竞争力的同时，不逞貌似威猛、实则昏昧的匹夫之勇，不采取两败俱伤的竞争手段。同时，优化产品销售结构，尽可能多卖一些附加值高的中高端产品。

第五，充分利用渠道资源，通过政策和管理，使渠道多承担一些营销责任和职能。向渠道赋能，提升渠道的能力，增强厂家业务团队与渠道业务团队的协同，减少双方的重复劳动，提高工作效率。

第六，打造高战斗力的一线营销团队。优化营销团队结构，提升营销人员专业能力。单独制定县域市场开发目标及开发模板，采取差异化的激励机制；加强企业文化建设，使长期工作在基层的营销团队始终保持高昂的士气。此外，可聘用一些适合县域市场的本土化业务人员。

第七，重视基础工作和基础设施（信息、物流）建设。不急功近利，不搞投机主义和短期行为，避免某些企业开发三、四级市场时的常见病和多发病。要使今天的投入对未来产生良好效应，使投入产出比从长远角度看具有合理性和竞争优势。

开发三、四级市场是一项艰巨的工程，不可能一蹴而就。必须做好“扎硬寨、打死仗”的心理准备。否则，期望不准确，要么激进冒失，要么患得患失。战略是成功的前提，执行是成功的保证，团队是成功的支撑，管理是成功的基础。

第二十章

Chapter 20

区域市场密集开发（以饲料行业为例）

区域市场的寡头

在我国广袤的市场上，有不少强势的区域性品牌。它们在区域（一个区域可以是一个省或数个省）市场上，占据着较大优势，并已在一定程度上形成区域竞争屏障，竞争对手短期内难以望其项背。它们的成功经验，对许多尚无资源和条件运作全国市场的中小企业来说，具有较强的针对性和借鉴意义。事实上，这些区域市场的领先企业，也都是从小型、中型企业一步步成长起来的。

我们经过观察发现，一些区域寡头的快速崛起，发轫于一种基于区域市场特征、旨在长期竞争优势并具有可持续性的营销模式——区域市场密集开发。这种模式一旦实施到位，便能够覆盖并做透目标市场，从而在一定的区域范围内、一段时间之内形成防范竞争对手切入、渗透的壁垒。

农牧行业运用这种模式取得成功的案例较多。也可以说，这种模式更加适用于农牧行业。

当然，区域市场密集开发模式不仅仅适用于农牧行业以及农村市场。在食品、饮料、服装等领域，也有其成功的案例。同时，这种模式也不仅仅帮助企业成为区域寡头。从某个区域的寡头到几个区域的寡头，再到成为全国性寡头，是某些企业战略性成长的主要路径（“根据地”由点连成片）。在这一过程中，区域市场密集开发模式是可以复制的。例如，物流行业中的顺丰速运，发展之初立足于广东省的珠三角地区，在该地区形成密集的营业网点和运输路线，市场销售及收送货服务人员密布市场，业务触角延伸至客户门前，从而保证了快速、准时——这正是速递行业的竞争焦点。后来，顺丰速运将珠三角模式移植到我国经济最为发达的长三角、环渤海及京津等地区，并向国内其他地区及国际市场发展，目前已成为国内快递领域的领导型企业。

农村区域市场密集开发的主要做法

农村区域市场密集开发，是深度分销在农村市场的创新性应用。具有整体性和结构化的特点。现在，我们以饲料企业中的山东六和集团案例为主，介绍这一模式的主要做法。

1. 聚焦区域市场

聚焦区域市场包括两层含义。第一，企业成长之初，市场运作在较小的区域范围内起步。第二，对于选准的区域市场，集中力量、实施压强。当然，随着产品销量提高，市场半径会逐渐扩大；但市场拓展的方式是从一个重点区域向另一个重点区域滚动。六和集团长期聚焦山东市场，这主要有两个原因。一方面因为山东省是养殖大省，肉鸡养殖量全国第一，有足够大的市场容量；另一方面，六和位于山东，近距离开发市场，既有成本优势

（尤其是物流成本优势，它在饲料产品全部成本中的比重较大），也有服务优势（贴近养殖户和经销商，有利于及时、快速、准确、周到回应客户的愿望和要求）。此外，20 余年前，六和作为一家规模较小、竞争优势不明显的新企业，也只能将附近市场作为市场运作的起点。

2. 在一定的区域范围内广泛布局分子公司

20 余年前六和集团刚刚起步时，利用当时行业不景气的环境特点，采取“轻资产”的经营及扩张策略，租用了一批经营不下去的小型饲料厂；随着市场的不断开拓和销量的持续提升，六和按部就班地逐渐建设自有的、较大规模的制造中心。短短几年就已在山东省内设立近百家集制造、营销和销售以及部分研发职能于一体的分子公司，几乎达到一县一家。它们以利润中心为性质定位，独立经营，自负盈亏。这些子公司是区域市场密集开发的依托和平台，也是较短半径内物流配送的中心。

3. 分子公司只能在半径范围内开发市场

六和集团将这一半径规定为 50 千米。由于省内分子公司林立，任何一家分子公司都不可能到较远的市场上去操作——那是属于兄弟公司的领地，只能在自己的责任田里耕作。这样，既摒弃了许多企业常见的攻远弃近、“灯下黑”“撒大网捕鱼”以及四处打猎的营销之病（本质上属于缺乏管理含量的粗放式的投机主义做法），也给分支机构构建了责任田里精耕细作以及长期行为的压力机制（无法投机，只能做好）和动力机制（打好基础、立足长远、做深做细、执行到位是对自己有利的理性选择）。

4. 渠道（经销商）网络下沉

在近距离开发市场的前提下，采用扁平式、密集式、细分式的通路结构。将经销网络布局于乡镇及重点村庄层级，使之既有广度（全面覆盖农村养殖户），又有深度（经销商靠近养殖户，有的本身就是养殖户中间的一员——既养殖，也做点饲料等产品的销售生意）。同时，通过“自下而上”式（先摸清养殖户资源，再向上梳理产品的商流、物流、信息流路径及其“结点”经销商）的渠道建设方式，使每个经销商所辐射、串联的养殖户群，彼此区隔开来（基本上不交叉）。这一方面保护了经销商的利益，另一方面也便于经销商增加和丰富服务含量。

5. 每个分子公司组建规模相对较大的业务人员队伍

一方面是为了与通路模式相匹配和对应，密集的经销商需要密集的业务人员去管理和服务；另一方面也是为了实施针对广大养殖户的服务营销。从业务人员具体数量要求和分布情况看，具有一定养殖规模的乡镇以及养殖户密集的村庄，都有专门的业务人员负责。

6. 业务人员按照规范的作业模式操作和行动

六和业务人员的市场作业方式以服务为主要内容，既服务经销商，也服务养殖户，并且以后者为主。拿针对养殖户的服务来说，具体内容包括起初的“做好 4 件事——减少饲料浪费、防暑防寒、饮水卫生、灭鼠”，以及后来的防病治病、养殖示范、提供养殖解决方案、帮助养殖户实现销售以及为养殖户提供融资服务等多个方面，旨在帮助养殖户改进养殖环境、提升养殖水平、实现经营价值。这些服务切合养殖户需要，融入养殖户生产经营流程，且频度较高、反应较快，因此深受养殖户欢迎。

以“情系父老乡亲”作为理念的“六和”品牌，以大量业务人员多种服务为载体和传播途径，迅速占领了养殖户的心智。六和业务人员由此也有了新的称谓——服务营销人员。他们大都是本土化的年轻人，具有一定的农牧专业教育背景，掌握一定的养殖技能，具有类似于当年 IBM“工程师 + 营销师”的素质结构。除业务人员的服务之外，各分子公司以及集团总部也设计安排了一系列非业务人员个人化的服务项目，如专家下乡培训、兽医上门诊治、集市现场咨询以及“文化搭台，服务唱戏”（邀请地方剧团送戏下乡，同时进行服务宣传），这既是对一线业务人员的支持和帮助，同时也建立了整体性的服务体系优势。

7. 保持产品的性价比竞争力

六和集团主张“微利经营”。所谓“微利”是指尽可能降低产品毛利，以较低的产品价格换取较大的市场份额，从而实现“产品价格—销售规模—生产规模”三者之间的良性循环。产品的价格优势不仅来自于规模经济及成本优势，同时也来自于产品附加值在厂家、渠道、用户三者之间的划分。六和一直主张让利给养殖户，除了作为制造商自己做到之外，同时降低经销商的利益期望，限制经销商的利润空间，使经销商也让出一部分利益给养殖户。由于养殖户对六和产品、价格和品牌高度认同（即我们平时所说的市场“拉力”），反过来抑制了渠道的话语权。此外，当销售规模扩大时，经销商的总利益也随之扩大，从而满意度有所提高。

8. 实施严格的市场管理

六和集团面对庞大的农村经销商资源，没有采取人们常见的多品牌分割渠道、占据经销商资源的策略，而是始终以“六和”品牌面对渠道和用户（这有利于将所有能量都汇聚到一个品牌上，避免资源投入及品牌资产的分散化）。这给市场管理尤其是价格管理带来一定困难；而当渠道布局密集时，这种困难就更大。在区域密集开发模式实施之初，六和就意识到价格控制以及市场秩序管理的重要性，设立了一系列“清规戒律”并严格执行，严防乱价杀价、“窜货”以及其他种种恶性竞争。同时，六和一直不因短期销售任务而迁就业务员、经销商的违规行为以及有可能给企业带来未来隐患的行为（如赊销等）。

近年来，随着养殖行业的结构性变化——大型家庭养殖场增多，小型散养户退出，一些优质饲料企业市场策略及运作模式在六和经验的基础上，又有了创新和进步。针对大型养殖户，服务营销更加全面和深入（例如，有的饲料企业已向养猪场派出驻场代表，甚至对客户猪场进行托管）；针对尚未退出的中小养殖户，则帮助它们构建相互协作的联盟，提供养殖全价值链（从养殖品种、养殖过程到产品销售）服务。针对农村经销商，推动、帮助它们成为管理较为规范的乡村金融服务及配送服务商。

区域市场密集开发模式的进一步分析

下面笔者对区域市场密集开发模式的性质、特点、前提、操作中的注意事项等作进一步的分析。

第一，既然是一种“模式”，它必然符合两个要求：首先，其内部是“结构化”的——多个营销变量、环节、要素相互联结、彼此作用并产生协同、整体效应。从本章前面提及的六和营销模式的 8 个要点看，它们具有严密的逻辑层次和内在一致性。“结构化”模式有一个显而易见的优点：竞争对手除了整体模仿（这比局部模仿难得多，几乎不可能），很难有其他的破解之道，因此它所造就的竞争优势较为持久和稳固。其次，它具有可复制性。企业只要在某一区域市场尝试成功，便可循序渐进地、滚动式地开发其他市场，这对企业由小到大、由弱变强具有特殊意义。顺丰速运的成功已经证明了这一点。

第二，营销模式的生成，源于对行业、市场的洞察以及整体、系统的思考，意味着对具有未来价值的新竞争规则的创造及引入。换言之，新模式往往是对行业、市场既有竞争规则的颠覆。在饲料市场上，传统营销模式的做法大体上是，较高的产品毛利，宽阔的区域范围，借助于渠道推力的销售，较简约的销售团队及市场管理。而六和集团的“区域市场密集开发”则是按不同的理念和原则来处理市场主要矛盾、寻求解决方案的，它是一种层次较高的整体策略创新。不管六和集团后来的命运如何，当时它的确引领了行业。

第三，“区域市场密集开发”是一种市场运作方式，它为同质化产品找到一条可行的竞争路径，由于无法通过产品差异化价值来赢得竞争优势，因此，只能同时也必须在市场运作层面（包括渠道布局、规划与管理，目标用户服务和关系维护等方面）筑建竞争壁垒。当然，如果产品具有差异化价值，那就更加有利于区域市场密集开发了。

第四，“区域市场密集开发”欲取得成功，有一个前提条件：区域市场有较大的需求容量。也就是说，只有在大市场上才能导入这种资源（尤其是人力资源）投入较大、管理难度较大的模式。市场过小以及与之相关的销量过小，很难支撑起庞大的销售组织和团队，也很难容纳精细化的市场操作方式。

第五，从操作和推进角度看，“区域市场密集开发”具有先难后易的特点。基于趋利避害的考虑，大多数企业通常会选择先易后难的营销之路，表现为先搞大分销，再搞小分销；先借助社会渠道资源，逐步发育自有营销团队；先通过强势广告宣传拉动、激发市场需求，再考虑与用户的直接接触和深度沟通；先利用利益政策撬动通路的销售愿望，再去做细致的通路辅导、服务工作等。这样做，固然谈不上什么错误，但相对于直接导入旨在抓住市场根本环节（用户以及距用户最近的通路）的复杂、细化营销模式而言，成长过程中的营销“进化”（即营销模式的动态演变和转换）风险较大，因为营销变革往往涉及企业内外部利益关系的调整，对操作“平滑性”的要求较高。而先难后易，有些一步到位的意味，运作初期困难重重，但若结构化的支柱建立起来，就会形成内部要素相互耦合的“超稳定”态势。在机会导向的时代，先易后难有其合理性，因为市场给了我们营销“进化”的机会和相对宽松的条件。而当竞争强度提高、需以能力为导向时，先难后易似乎更为可取，因为企业成长之初即形成超越竞争对手的结构化“基因”，未来成功的概率较大。

第六，“区域市场密集开发”既有较高的策略含量，又有较高的管理含量。支撑其运行的是有效的管理体系，而其中的核心环节则是对营销组织（团队）的管理。这种模式，对业务人员的要求是多方面的。在行为模式上，要求他们扎根于基层，服务于农户，奔走于乡村；在素质结构上，既有养殖专业技能，又有沟通和营销能力；在心理状态上，要有“情系父老乡亲”的服务热忱，要有不急、不躁、点滴做起的务实心态；同时要有克服困难的勇气和不怕吃苦的精神。这些显然属于“高标准、严要求”，如果没有强劲的人力资源管理和企业文化职能，是无法满足和实现的。从上面的说明中，我们可以得出延伸性结论：企业的营销竞争力，由三个相互关联的因素组成（见图 20－1）。

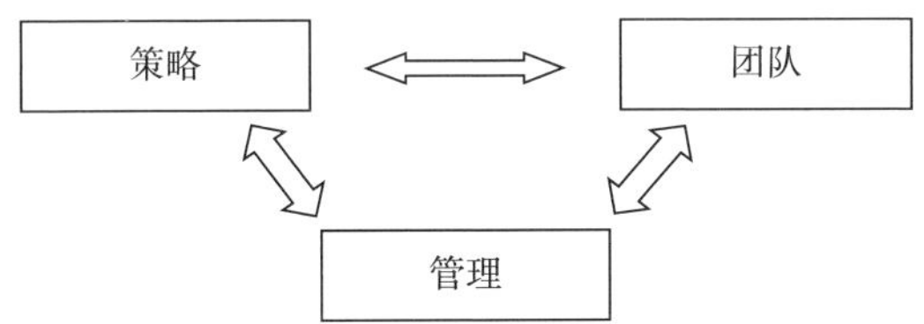

图 20－1　企业营销竞争力的构成因素

需要说明的是，六和集团被希望集团收购后，战略方向以及市场运作方式已发生变化。但这并不能熄灭六和集团崛起之初营销战略创新的光辉。时过境迁，我们当然不能用以往的模式来应对今天的市场形势，但是六和模式中所体现的用户导向理念、规则创新智慧以及整体性系统思维，是值得珍视和借鉴的。事实上，直到今天仍有不少优秀的农牧企业，在模仿、参照六和模式的基础上，根据企业外部和内部实际情况进行创新，取得了良好的效果。具体的方法、做法或有不同，但深耕市场、融合伙伴、服务用户以及自下而上构建网络的基本原则，无疑具有持久的生命力。

第二十一章

Chapter 21

终端的力量（以手机行业为例）

引人注目的 OPPO 和 vivo

OPPO、vivo 之所以引人注目，首先当然是因为这两个品牌在近几年取得了骄人的业绩。目前，这两个品牌正进入我国手机产业第一阵营，且加起来的市场份额名列国内市场第一（2016 年、2017 年）。为什么这两个品牌的销售量可以加起来呢？因为它们的历史渊源可以追溯至步步高。步步高是段永平创办的著名消费类电子产品品牌和企业，以往做过电话机、DVD 机、语言复读机、儿童学习机、电子词典等电子产品。创始人后来去美国做投资了，但是在步步高这棵树根上长出了两棵既独立又关联的大树，一棵是 OPPO，另一棵是 vivo。

OPPO 和 vivo 引人注目的第二个原因在于它们的竞争对手都是一些业内的巨头。在一个寡头竞争的领域，它们能够脱颖而出，而且保持了快速的增长，这是令人惊叹的。

这两个品牌引人注目的第三个原因，就是它们的营销模式似乎跟这几年来大家热炒的互联网模式、社交网络模式关系不大。

小米手机也很成功，在比较短的时间内实现了品牌和市场地位的跃升，但它采用的是比较典型的互联网的模式，比如说软件的多次迭代；构建社群，和具有专业能力的粉丝互动；通过网络直销等。

OPPO 和 vivo 采取了一种相对传统的营销模式。这种模式在中国市场上已经出现很久了，一度是消费品营销的主流做法，也就是所谓的深度分销。分销这个概念，有的时候容易引起歧义，因为国际惯例的分销和中国的批发比较接近。广义的分销，其实就是销售，也包括零售。深度分销中的分销是广义的，以往深度分销比较强调渠道、强调终端，实际上现在的深度分销又有了进步，是一种立体的营销，不光是在渠道和终端环节上发力，而是包括品牌推广、产品定位等的系统、整体做法。

OPPO 和 vivo 的做法及营销策略组合，基本上符合营销教科书的规范，符合营销的普遍规律，同时也贴合中国市场的实际。可以用一句话来概括这两个品牌的营销特点，就是基于精准目标市场定位的整合营销，基于中国多层次市场的深度分销。

市场定位、价值诉求和传播策略

从品牌的调性来看，OPPO 和 vivo 比较年轻，比较东方，比较清新。品牌调性反映了其所面对顾客的特点。这两个品牌的目标顾客很显然是年轻人。向下可以延伸到学生，比如，高中生、大学生，往上可以延伸到白领。在年轻的白领中，这两个品牌的定位又偏女性。不能说完全针对女性，但调性更加柔美，更受女孩子喜欢，这是一个不争的事实。

大家都知道，大部分国产手机品牌不能说有什么特别的核心技术。但是在应用技术层面，在应用功能层面，做一些基于顾客导向的创新，实际上是非常有效的。近一段时间以来，OPPO、vivo 都在主打照相这样一个价值维度——“照亮你的美”（vivo 广告词）。从起初的单反、双摄像头，到后来的 2000 万像素、柔光自拍、逆光拍照、智能拍照等，用这样很简单的一些价值诉求和价值主张，吸引了大量年轻的、比较追求美的、热爱生活的消费者。

面对这样的顾客群，在推广和宣传上，这两个品牌有系统的整合性的考虑。比如说去抢占一些目标人群高度关注的注意力资源（明星资源）。这个实际上也是一种强势推广的策略，这里边有一些粉丝营销和互联网营销的意味在里面。从 OPPO、vivo 选明星的做法上，就能看出它们的思维方法，就是准确而简单。其他有些品牌，包括选国际巨星的，实际上对国内的特定人群影响非常小。

除了请明星之外，这两个品牌在表达方式和创意形式上具有鲜明、直接、简约的特点，没有冗余的信息，不走曲折的心理接受路线。在传播媒体上，包括一些重大的事件、重大的庆典、重要的电视栏目，它们基本上都在现场，从不缺席。选择一些顾客认同度比较高、一定能够引起广泛反响的媒体和事件来进行广告投放。很多人把营销复杂化，要大数据云云，其实像这样的媒体选择，基本上不需要什么大数据分析，凭经验和对媒体的理解和观察就能够得出准确的结论。

总的来说，OPPO、vivo 采取的是“高毛利、高广告投放、高顾客认知价值”的“三高”模式。当然“高毛利”是相对的——不大可能比苹果更高，这里只是强调这两个品牌没有走低价路线。手机这种产品比较有意思，是消费者随时随地用的，而且是在公开场合、在社交的网络里用的，除了实用性的功能之外，有很强烈的心理价值。凡是有心理价值的产品，总体上来说就不能太便宜。对顾客来说，太便宜就是没有面子，太便宜就显得自己的收入不是很高。在这样的社会消费氛围下，好像只有比较特立独行、比较边缘的人，才会用比较便宜的手机；或者收入比较低的人，才用比较便宜的手机。OPPO、vivo 产品的价值定位，强调高品位的体验和社交功能，是很精准的。

立体市场终端全覆盖

手机行业通常将国内市场分为 6 个层次：一级市场是指北京、上海、广州、深圳特大城市市场，二级市场是指省会城市市场，三级市场是指地级市市场，四级市场是指县城市场，五级市场是指乡镇市场，六级市场是指村庄市场。其中四级市场是中国市场最为肥厚的“腰部”。

回顾一下这几年中国手机市场渠道的发展，线上出现了寡头如京东、天猫；线下也出现了寡头如苏宁、国美。当然还有一些地方性的寡头。这些寡头在跟上游制造商博弈的时候，是占主导地位的，可以切割制造商的附加值。制造商在和这些寡头打交道的时候，实际上左右为难。不和这些寡头打交道，就没有一个高效率的通路；但如果打交道呢，价格透明，不断地搞促销活动，就把附加值打没了。

线上通路与此相似。不进入线上通路，好像要失去年轻人，因为年轻人喜欢到网上买东西。但是电子商务平台上，如果不低价，货是走不动的；如果不去做一些引流的活动，也不会有太多人关注。而一旦搞引流活动，一旦打低价，那么线下的渠道体系就受到很大的影响。

OPPO 和 vivo 由于定位主要是三、四、五、六级市场，零售寡头对它们的影响相对小一些。县城里卖手机卖得多的小寡头，影响只是区域性的。同时，区域的小寡头在面临全国大寡头的时候是弱势的，急需在纵向的价值链上取得支持，希望跟厂家、跟上游的制造品牌携起手来。此外，县城、乡镇以及村庄里，有大量弱势传统零售终端，它们处于边缘化的状态。在这样的背景下，OPPO 和 vivo 全面开发一至六级市场，注重与广大传统弱势终端合作，实现中国市场的立体全覆盖。尤其在核心市场——县城及重要乡镇，两个品牌采取了密集布点策略，其线下店如孪生兄弟成双成对地出现在大街小巷，只要看到 OPPO 的店招，不出数十米就必有 vivo。

终端的力量

当许多品牌目光投向互联网、投向社交网络时，OPPO、vivo 将资源聚焦投向零售终端。这是“打粮食”最重要、最核心的环节和场所。两个品牌极其重视终端建设包括硬件的建设和软性要素的建设。

硬件的建设，包括专区、专柜的建设；也包括零售终端宣传资源的抢占，比如，店头、店招、门前的拱门、气球等。有些区域市场，两个品牌几乎占据了大部分的店面展示资源以及户外广告资源。顾客进了终端，目光所至，不是蓝色（vivo）就是绿色（OPPO）；置身其中，一下子被信息所笼罩。

软性要素的建设就是促销员队伍建设，派大量强劲的、有经验的促销员进入终端，当然也可以去培训合作经销商的促销员。

总而言之，有一群卫士守住了渠道的最后一个闸口。（笔者曾经把零售终端比喻成最后一个闸口，通过它，水流向了消费者。把这个闸口守住了，也就意味着别的品牌的水流被堵住了。这实际上就是构建零售壁垒的战术。）对于导购员的沟通方式以及行为、话术，这两个品牌的训练在国内基本上已经做到极致了，包括怎么接待，怎么说话，怎么和顾客沟通，怎么介绍产品等，全面构建了流程化、标准化、情景化的知识平台。这种背景下，其他的品牌在同一个卖场里，如果没有采取和这两个品牌一样的做法，份额就被 OPPO、vivo 一点点抢走了。这种战术叫作渐进式地增加零售张力。

有了终端硬件和终端软性要素之后，则不断激活终端，始终把终端的温度保持在一个高度。天天有活动，进行强劲的推广和促销。这样，想买手机的顾客来到卖场，就进入了一个信息高度密集、温度非常高的“场”；在这个“场”的作用下，购买 OPPO、vivo 品牌手机的意愿被激发出来了，购买行动被引导出来了。

这两个品牌，在市场运作实践中，扩大了终端的外延，经常以零售终端为基地，走出去，到小区，到电影院，到广场，到目标消费者出现的多场景里去，进行主动营销，举办一些主题性的促销活动，到店外去引流。这里边也有点互联网的思维。我们不能认为引流只发生在虚拟空间，发生在线上，其实线下也是要引流的，也要把潜在的顾客挖掘出来。这样，对其他品牌的推广来说就是釜底抽薪了。

零售商利益的保护

零售终端的力量，一个很重要的来源是零售商的销售意愿，也就是零售商的动力。城镇乡村市场顾客，自主认知和决策的能力略弱，比较容易受到渠道推荐及现场氛围的影响。零售商如果销售某品牌产品的动力不足，就不可能主推这一品牌，也不可能为它提供充足的展示资源、营造高温度的现场氛围。

保持和提高零售商动力的关键是保持价值链利益的均衡，即厂家挣多少，代理商挣多少，零售商挣多少，要有一个合理的切分和界定。同时，这种均衡要处于相对稳定的状态，不能受到冲击和破坏。因此，一定要维持住市场的秩序，也就是价格体系。因为价格体系一乱，整体渠道利益结构就被破坏了。首先，上游的供货口不能多。即流到各个零售终端去的水流要从一个渠道里流出来，不能让零售商到哪儿都能拿到货。对零售商来说，有多个货物来源，但是每个供货口的价格水位不同——就像大坝一样，大坝上有好几个孔，不同的高度——一定是水流汹涌，利益流失。OPPO、vivo 长期采取小区域代理模式，一定区域范围内由该地区的地包商作为唯一供货渠道，同时严格管理产品批发、零售价格，以此维护价格体系。这里涉及电商问题。电商可以发展，但是电商不能变成低价格的标杆，否则线下渠道体系就不能生存。如果反过来思考问题，把线上作为高价格的标杆，那么线下的价格体系就稳定了。OPPO、vivo 长期保持线下渠道产品价格的竞争力，尽管线上份额相对较低，却获取了最多的线下流量。

其次，厂家（品牌）需高度重视零售网络宽度问题。一个县城或者一个乡镇，每个手机店都卖，渠道的利益体系是很难维护的。因为毕竟市场的容量有限，大家都不好卖的时候，任务又重，这个时候，就会有人偷偷地放水降价。这个也会带来整个渠道体系的灭顶之灾。中国的三、四、五、六级市场，客观存在市场份额极限问题（参见第 10 章）。它是由零售宽度极限决定的。

也就是说，超过了零售宽度极限，市场份额反而会下降。很多品牌不尊重市场规律，在短期业绩任务驱动下，零售网点开发过多，致使零售体系坍塌。目前，OPPO、vivo 在部分县镇市场零售网点布局似乎已经饱和，因此需注意零售网络的宽度问题（据说某些地区已经开始瘦身了)。未来提升销量的主要途径可能将不再是增加网点。

零售终端赋能平台

提升零售终端优势的关键因素之一是上游对零售终端的辅导、服务和支持，简称赋能。OPPO、vivo 零售终端的赋能平台是区域代理商（地包商)。根据中国市场的国情，不能盲目地说要扁平化，要去中介。中国市场那么大，县、乡镇那么多，零售终端数量庞大，怎么去中介化？这两个品牌继承步步高时代的传统，以股权为纽带和地包商结为利益共同体（例如，和代理商双向参股，让内部员工成为代理商等)，充分发挥地包商的作用，使其赋能行为既符合厂家意图，又具有长期预期和内在动力。

OPPO、vivo 通过股权机制、人员派出机制（派专业人员帮助地包商）以及管理体系，利用社会渠道资源，属于轻资产、高共享的终端服务模式。其对地包商的管理方式，符合笔者倡导的“市场化交易，一体化管理”原则（参见第八章)。厂家和代理商之间，只有市场化交易才能确定各自的责任边界，才能形成理性的交易行为。如果无限制地压货，代理商有自己的利益，就会顶住。这样就不像厂家自己办的区域销售公司那样，库存变得不可承受了。

所谓一体化管理，是指厂家和代理商在文化上，在流程上，在信息上，在运作模式上是一体化的。通过市场化交易、一体化管理，使得代理商既是厂家的，又不是厂家的。这就有点互联网模式了。在一体化管理的基础上，代理商执行厂家的策略和政策，服务和管理终端。这样，厂家避免了区域营销团队过于庞大、管理成本过高，而代理商则避免了能力滑坡以及被边缘化。

终端竞争力的根本保证

OPPO、vivo 掌控终端、深度分销模式在三、四、五、六级市场取得成功的最重要因素，是营销团队的建设和管理。终端力量的一个基本条件是，营销团队要有较大的数量规模。深度分销意味着营销人员密集。很多厂家总觉得队伍难管，要减少人以及削减与人相关的销售费用。实际上这种思路和做法不符合中国国情。营销团队扎根市场、服务终端、密集开发本身会带来流量，产品的价格也因严格、细致的管理而保持较高水平，能够带来一定的盈利空间。这是一种压强攻击的策略：在区域市场上，投入的人比较多，但是相应地份额、利润比较大，还可以提升品牌的附加值。

总的来说，这两个品牌在管理上比较低调，很少见到它们人力资源开发管理的系统资料。但从知情人透露出的情况看，其营销团队建设和管理具有两个鲜明特点。第一，注重企业文化的一致性。以 OPPO 为例，员工共有 3 万多人，其中大部分是营销人员，他们高度认同公司核心价值观——本分，用户导向，追求极致，结果导向；整体文化风貌具有质朴、简单、好学、实干的特点。第二，注重利益上的广泛共享性。这两个品牌员工持股范围较宽，一线人员以及导购人员收入较高。这是团队战斗力的基础和前提。步步高时代，其创始人就有一个理念，价值链上下游、企业内外部相互协同、风险共担、利益共享。直至今天，这仍然是不少企业难以达到的境界。此外，OPPO、vivo 营销团队建设的一个重要举措，是选用优秀的“学生兵”，将他们培养成高素质、骁勇善战的营销尖兵。

向 OPPO、vivo 学什么

对大部分企业（品牌）来说，学习 OPPO、vivo 在三、四、五、六级市场上深耕细作，是比较困难的。我们不要小看营销团队和县城、乡镇的经销商打交道的能力。这个能力不是短时间内可以培养起来的，要经过长期的积累，也要有文化的传承。欲使团队的文化气质、团队的能力构成、团队的行为特点更适合三、四、五、六级市场，更贴合经销商、消费者的心理动机和期望，需要一个过程。

OPPO 和 vivo 的做法，给那些坚守营销的本质、坚守营销基本规律的企业带来更多的信心。我们不要被一些浮躁的概念和价值取向所吸引。卖东西才是真正的硬工夫。任何模式都是手段，和顾客形成水乳交融的关系才是目的，不能偏离目的谈手段。OPPO、vivo 两个企业的领导人，都曾被人评论为反互联网思维。在喧嚣的时代，他们坚持顾客导向，坚持以产品力、终端力为支柱。这种回归事物本质的态度最值得学习。同时，需学习他们简洁、准确的营销思维方式。在营销的范式或者流派里，有一种类型称作激进式营销，就是说不采取铺张的、特别流程化的方式来做营销。什么意思呢？有一些大的国际品牌比如宝洁、可口可乐等，它们传统的运作模式是高度流程化、组织化的，显然也是高成本、低效率的。而有一些中小企业，包括在日用品领域这几年异军突起的品牌，没有那么长的流程，没有那么复杂的组织。若干个小组，经常和目标顾客融合在一起，精准理解需求，提炼出产品的卖点，迅速打造出极致产品。这样比数百人乃至数千人按照流程一项项走，最后的结果可能更好。由此可见，营销不能一味地做加法，可能也要做减法。

OPPO、vivo 的成功，很大程度上是因为抓住了我国县城、乡镇及农村市场智能手机需求量持续、快速放大的机会。总的来说，它们所实践的深度分销模式，是一种挑战者模式，适用于处于市场追随和挑战地位的品牌。用这种方式迅速崛起，在产品上可以模仿，在节奏上可以跟随领导者，不用引领市场。但要成为领导者，用这种模式恐怕还不能实现。当农村市场容量不再增长、渠道力量有所衰弱时，必须要找到适应大城市的模式，需要进入一个新的营销境界。比如说核心产品竞争力，真正的供应链管理能力，更加强大的品牌影响力，以及对大渠道的控制力。那个时候，所需要的资源和营销技术，跟现在的三、四、五、六级市场又会差异鲜明。

第二十二章

Chapter 22

面向中小经销商的统仓统配服务（以快消品为例）

中小经销商的困境和转型方向

本书所谈及的中小经销商，大都是在一定区域（通常是某个或某几个地级市范围，也可小至某个或某几个县域范围）内经销或代理上游快消类品牌产品的分销商。它们可能是综合的，经营多个产品品类及品牌；也可能是专门性的，只经营某个产品品类及少数（甚至单一）品牌。互联网时代，大量的中小经销商（即人们所说的传统经销商）普遍面临经营难题，可以说徘徊在生死边缘。概括说来，传统中小经销商的生意模式以及商流、物流、信息流结构存在以下问题。

第一，资产重。这些经销商的生意模式通常是商流（其中包括资金流）、物流、信息流三流合一。如果把资金流从商流中分离出来，则是四流合一。这样必然导致投资和资产过重、经营效率低下。但凡做一两个品牌，在仓库、车辆和人员上的投资，少则数十万，多则近百万元。这样既加大了资金压力，限制了自身的发展速度和规模扩张，同时增加了生意退出的难度和风险。事实上，一个区域并不需要每一个经销商，都在仓储配送上做类似规模的投入。中小经销商想要走出生意困境，必须要让自己的生意“轻起来”。

第二，风险高。快消品市场同质化竞争严重，流通环节利薄如纸，经销商无法在仓配硬件、系统软件、人员素质等方面加大投入。因此，其仓库、车辆、保险等方面状况堪忧，仓储现场管理更是薄弱。流通环节的消防安全和食品安全风险始终是悬在中小经销商和品牌商头顶的达摩利斯之剑。

第三，不专业。绝大多数中小经销商专业能力低下，经营内涵单薄，尤其在开发市场、服务终端、反馈数据（即深度分销）等方面达不到上游厂家/品牌商的要求。很多经销商心甘情愿地退化成了搬运工（深度分销的工作由上游厂家/品牌商承担），不动脑子只赚些搬运费——只不过上游厂家/品牌商能分给经销商的搬运费越来越少了。

第四，接班人匮乏。庞大的经销商队伍中，当家、掌控全局的老一辈创业者逐渐衰老，但其后代愿意接班的比例通常不足30%。新生代人群无法接受父辈那样恶劣条件下的艰苦工作。而缺乏新生力量加入的中小经销商，其市场竞争力普遍严重弱化。这些经销商，无论其文化氛围、管理基础，还是其领导人的胸怀、风格，都还难以包容职业经理人。

中小经销商转型面临两条道路的选择，即方向问题。一个方向是强化与上游厂家/品牌商价值链的对接和融合，培育深度分销、市场管理的专业能力；而另一个方向即是成为统仓统配的平台型服务商。其实，第二个方向不可能成为选项：经销商之间存在竞争——两条厂家商家全价值链的竞争，哪一个经销商会将自己的数据、网络等交给竞争者。近年来，第二个方向的尝试无一不是黯然收场，失败的原因在于挑战人性。

中小经销商转型方向选择的一个重要考量维度是上游厂家/品牌商的要求。从这个角度看，第一个方向是唯一的选择。近年来，某些上游快销大品牌的日子并不好过。经销商能力达不到要求，只能扩大直营（直供）范围，依靠自身庞大的业务团队引单掘流；但随着人工成本上升，这种做法逐渐难以为继；有些厂家/品牌商不得不大量削减一线业务人员。问题在于，在中国复杂的市场环境下，深度分销还要不要做？品牌在线下需不需要推广？那么多网络售点需不需要去连接？重点终端需不需要去占领？显然，这是今后几年中小经销商的最大机会。上游厂家/品牌商们将逐渐还市场推广、终端管理、市场运营于渠道——可是，经销商准备好了吗？

中小经销商具有天然的地缘优势和灵活敏捷的体制机制优势。如果将业务团队小型化、业务骨干合伙人化、作业模式专业化、运营过程信息化，真正发育深度分销的能力（这是经销商的核心竞争力所在），中小经销商就有可能走出低收益、高风险的经营困境，成为流通价值链上不可或缺的价值创造者，并相应获取应得的利益。如果是，资产重、效率低、风险大的仓储配送活动，完全可以交由平台型服务商去承担和完成。

传统经销商的颠覆者

互联网 B2B 分销模式，是传统经销商现有生意的最大颠覆因素，阿里、京东等互联网巨头纷纷开办 B2B 业务，对接千千万万个零售商及零售店。当线上流量增幅出现极限时，它们纷纷进军线下，试图分割、攫取线下流量。和面向消费者业务拓展的模式如出一辙，互联网巨头在资本市场的支持下，利用资本实力，用低价和窜货瓦解厂家/品牌商的渠道网络体系，用巨额补贴抢夺经销商的下线和流量，逼迫快消产业链上的厂家/品牌商向线上引流；试图渗透、控制线下的终端场景、支付入口以及销售数据。如果互联网巨头B2B模式的战略意图得以实现，传统中小经销商有可能被挤出流通链条，有可能逐步失去生存空间。

饶有意味的是，强力推行B2B模式的互联网巨头在和传统快消产业链的博弈中，并没有像当年消费者业务那样一路掠城攻寨、势如破竹。互联网巨头的B2B模式，隐含着一个根本性矛盾，如果以低价、补贴获取零售网点资源以及零售交易流量，必然引发上游主流厂家/品牌商的强烈反弹；如果不采取低价和补贴，又难以在短期内实现流量规模目标。对于传统快消产业链上的成员来说，不必过于担心互联网巨头的颠覆。

其实，只要零售网点分散化的局面没有改变，零售商需要管理、信息、资金等方面的赋能服务，只要零售商赊销现象存在，只要上游品牌产品没有强大到自带流量尚需渠道“主推”，只要还有消费者认同、偏好线下零售体验场景……互联网B2B巨头就不可能获取大部分交易份额。中国是个人情社会和熟人社会，零售商及网点缺少营销/业务人员的直接对接，就不可能成为厂家/品牌的长期伙伴以及坚固堡垒。

目前，互联网B2B模式又可细分为3种类型。一是以京东为代表的自营B2B，即自采自销。这一模式下，京东更像一个拥有互联网技术和运营能力的全国性经销商。既然如此，京东需与传统经销商比上游资源、比下游网络服务、比物流配送成本。如果以线上运营为重心，似乎还看不出超越线下优秀经销商的显著优势。当然，线上运作辐射范围广、对接零售商及网点数量多；同时能运营众多品类、品种（范围经济），自营型线上 B2B 企业还是可以有所作为的。其未来演变的方向，要么开放仓储物流，更加平台化（类似于阿里）；要么更加接近线下经销商——增加线下区域机构、组建“地面”团队；要么更加垂直化，与一些独特品种或者选择线上渠道模式的品牌合作。

二是以阿里为代表的平台型、撮合式 B2B 模式。这一模式可以帮助一些无线下渠道网络，也无区域营销团队的新品牌实现销售。它的问题在于，如果上游主流品牌不进入互联网撮合平台的话，平台的价值会受到影响；而上游主流品牌进入的话，必然会保护已有庞大存量的线下网络——这样一来，又会妨碍线上平台流量的聚焦。未来平台演变的最大可能是成为线上展厅和支付服务通道，这样就会和传统快消产业链相安无事。

三是以怡亚通、汇通达为代表的投资或并购式 B2B 模式。这一模式将互联网模式和传统分销模式相结合，投资或并购的对象是区域经销商，可参股（投资）也可控股（并购）。这意味着以资本为纽带，将分散的区域经销商整合成一个向上游厂家/品牌商订货的庞大联盟。换个角度看，投资者或并购者在一定程度上成为线下经销商。也可以将这一模式理解为新型经销商为传统经销商赋能。现实中的问题是，如果区域经销商被控股并购，其原有内在冲动及风险控制意识可能双双下降，激励机制、责任机制可能受到削弱。也就是说，缺少创造业绩的动力，同时对压货、放大应收账款以及放长账期反而少了制衡动机，投机主义出现了。如果只是参股，投资者对素质参差不齐的经销商缺乏控制，也会存在风险；拿到钱又不受控制的经销商，也有可能产生投机主义。

统仓统配平台模式

中小经销商的整合，有一点已经很清晰了，就是从仓储物流的平台化开始。从外部重要环境变量看，首先，大中城市市区中小仓库必然外迁——市区地价昂贵，做什么都比仓库产出高；同时市区人口密集，仓库消防安全是个大问题。城市发展过程中，功能空间转移的规律是无法违背的。其次，我国人工成本越来越贵，倒逼仓储配送行业扩大规模、提升效率，走机械化、信息化、智能化的发展道路。在这样的趋势面前，中小经销商试图商流、物流合一、小规模地自行配送几无可能。

既然快消品流通价值链出现了商流、物流分离的要求，统仓统配服务商必然应运而生。下面我们介绍万超帮的案例。这是一家诞生于北京的创业型公司，是由专业团队运营的快消品仓配一体化运营平台。万超帮通过线上流通智能管理 SAAS 平台系统和线下仓配运营管理，为经销商/代理商、市场运营商、电商创业公司等提供高效优质仓配一体化运营服务，同时还为入驻客户提供包括数据分析、网络拓展、金融贷款等的增值服务。换言之，传统经销商原来又做市场又做物流仓储，数流合一；和万超帮合作之后，经销商只需要做市场、做订单和服务终端。而仓储配送、代收货款、退货、调换货，全部都交由万超帮的运营中心完成（见图 22－1）。

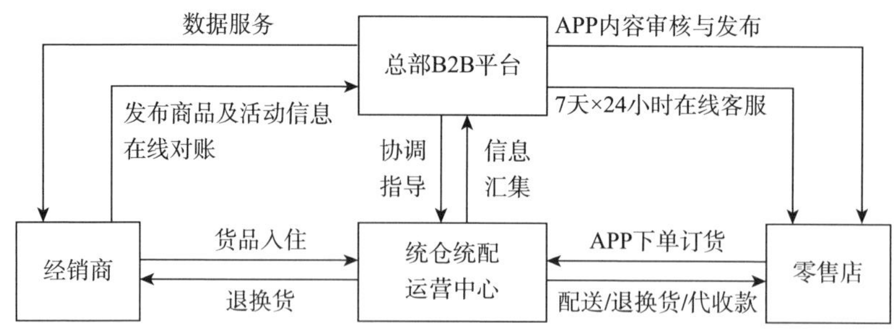

图 22－1　统仓统配运营模式

万超帮平台经营的原则和特征有以下几点。

第一，为经销商提供统仓统配的外包服务，帮助经销商降低运营成本、提高配送效率。

第二，平台作为第三方，不经销代理商品；不定价，不扰乱厂家/品牌商以及经销商的渠道网络体系。

第三，全程在线作业，流通链条上每个角色都在互联网上；通过数据连通，实现高速分拣、合理组合、快速配送。

第四，为经销商、业务员、司机、门店提供系统及数据服务；在管理上帮助他们做减法，在价值上帮助他们做加法。

第五，平台只赚大家赚不到的钱，只赚增值部分的钱。

第六，为客户的数据保密。

为了保证流通链上多角色互联互通，万超帮开发了一系列的应用工具。目前有四个前端工具（APP）。一个用于客户订货；一个用于业务员跑市场；一个用于客户管理层；一个万超帮平台司机接单配送交付用的。在后端，万超帮有一个智能管理平台，包含了 WMS、OMS、TMS。前后端所有系统工具打通，保证了所有业务行为和服务行为实时可见可控可操作。

统仓统配模式为中小经销商创造的价值

统仓统配使整个快消品物流配送体系变得更加安全、专业、透明、高效和数据化。与统仓统配平台合作的经销商，亦获得了多方面的价值和利益。

1. 降低经销商物流成本

在每个大中城市，都有数百甚至上千个快消品经销商。传统模式下，每一个经销商都有一套独立的仓储配送体系。每一个零售门店在每一个品牌上都会面对一个送货体系。换句话说，每天至少有数十辆车在为同一个门店提供配送服务。

万超帮在一个城市里将这上千条的配送线路合为一条，众多品牌的产品，一次性配送到店。以往很多 CD 类小店因为要货量太小，每个配送量有限。统仓统配之后，多个品牌集中配送的话，每个小店的订单加起来就有了一定的规模。

有人也许会说，传统的“二批”不是也能够达到集约配送的目的吗？这里有两个问题。第一，经销商先送货到“二批”那里“二批”再整合配送，流通环节增加了；第二，随着中心城市仓库大量外迁，目前城市里“二批”也越来越少。

根据万超帮的实践，当订单每天超过一千份时，将会产生60%以上的配送点位重合订单。当有重合订单产生的时候，节约效果就出来了。重合度越高，节省费用越大。因为配送中最大的成本其实不在于卸五件还是五十件，而在于到达的点位数量。点位多，每个点位送货品种少、数量小，在途时间多，成本是最高的。

2. 减少经销商库存

例如，某个一线品牌，在省会城市有五十家经销商，每个月在这个城市的销量是一百万件。那么它在这个城市的备货量，可能需要一百万件。为什么呢？因为五十个经销商，每一个的库存可能至少两万件——这与经销商的配送频次有关。但是如果统仓统配之后，这个城市只需要四个大仓。当配送频次提高、库存周转加快之后，常规库存或许只需要 20 万件（每个大仓备货 4 万件）。这里的数据是模拟的，但减少经销商库存是必然的。这样一来，产品的新鲜度以及消费者满意度也将变得更高。

商品的快速周转，为厂家的新品上市带来了极大的便利，降低了新品上市的成本。按照传统的新品上市模式，讲究铺货率、见面率，可能一个城市的新品铺货就会产生数十万件的库存。统仓统配的配送效率较高，新品的门店库存可以保持比较低的水平；同时可以迅速监控新品动销情况，可以在城市里各个区域之间、业态之间、网点之间进行新品调动。这样的话，新品上市的成功率会大大提高，退出市场的成本也会降低。

3. 利用系统帮助经销商解决基础管理问题

传统经销商的管理问题，主要分人、货和业务三个方面。人的问题，主要是业务员的工作动态和终端的销售情况。货的问题主要是，做不到先进先出批次管理，时间一久往往会造成巨大的货损。业务方面的问题主要是，不了解客户的实时状态；不知道某个客户，这个月的业绩是同比增长还是下降的；不知道异常客户在哪里，出现了哪些异常，以及如何去处理。经销商的管理问题，很大程度上是数据化以及数据在线的问题。经销商的业务、人、货都不在线的时候，经销商老板只有等到每个月月底财务做出报表的时候才知道，这个月自己的生意做得行不行，哪里出了问题等。但这个时候事实已经发生了，往往已经没有办法来补救了。

为了解决这一问题，万超帮开发了经销商管理所用的 APP，使经销商的人货生意全部在线。经销商老板无论何时何地，只要打开 APP，就能够随时看到业务人员在哪里，在做什么，有什么样的业绩；客户下了多少订单，是哪些客户下的订单，下的什么商品，是什么价格卖出去的，搞的什么促销活动；商品在库房里还有多少存货，各个批次的余量有多少，哪些商品需要补货；哪些客户欠的款以及欠了多少；哪些客户出现了销量下滑、需要关注，需不需要去跟踪随访……

通过这样一个移动互联网的管理工具，经销商老板可以真正做到数据化过程管理，做到基于数据改进的迭代式管理。

4. 推动中小经销商朝专业化方向发展

统仓统配模式下，快消品经销商不必在仓配上做任何投资，只需按照业务量来购买仓配服务，生意结构更加简单清晰。

经销商不必管理仓库和配送，可以精减人员，并将人力全部投入到市场运营中去。其专业能力及产出效率将大大提升，市场把控能力也会增强。同时，由于精力聚焦，经销商有限的队伍可以同时操作更多的品类和品牌，有利于突破规模瓶颈。

此外，有了规范的第三方仓配服务，经销商可以获得更多的社会资源支持。就资金而言，原来的自有仓库不规范，经销商很难得到银行和金融公司的贷款。但第三方管控仓配时，可以较为方便地通过数据和仓单质押获得金融支持。

统仓统配推进中的难题

实事求是地说，统仓统配属于新生事物，推进落地并不顺利。作为平台，能否吸引较多的经销商把商流、信息流放上来，还是一个难题。传统经销商规模小、抗风险能力弱、素质参差不齐、动机各有不同，因此，管理、服务他们实为不易。从万超帮的试点情况看，实践中的难点主要有如下几点。

1. 少数经销商的投机主义

统仓统配平台刚刚开始运行的时候，有一些经销商积极入驻，并借助平台提升了市场份额和管理水平。但是，一段时间过后，少数经销商开始有了自己的“小九九”：我有品牌有网络，我有人有车，我也可以招商，不就是一个软件系统吗？我买一个就是；我是本地人，商家还会更信任我呢。他们往往几家联盟也搞统仓统配，但实际上由于内部矛盾无法解决以及专业能力不够，几乎没有做起来的。这种情形多发生于一些城市化程度较低的县域市场。万超帮目前的对策是：从大城市起步，县级市场主要采用当地经销商加盟以及管理输出模式。

2. 经销商的后顾之忧

其实就是信任问题。目前，经销商主要有三个担忧：一是货放在第三方那里，丢了怎么办，会不会被偷了，会不会被人连夜运走了等；二是万超帮能不能服务好所有的客户，能不能及时配送到位，会不会影响客户的生意等；三是万超帮这种第三方配送公司，知道货送到哪里去了，会不会断客户的后路去做商品经销（代理）。

针对经销商担心的第一个问题（即商品安全问题），万超帮主要采取了交纳保险、二十四小时在线的云监控和经销商派驻监库员等三个措施。随着社会的发展，经销商的这种担忧会越来越小，他们会越来越放心。

配送服务能否满足客户需求问题，需要一定的时间才能给出答案。万超帮开发市场过程中，一开始客户持观望态度者较多。但是随着时间的推移，万超帮在当地的服务口碑打开了之后，很多零售店都会建议经销商把仓储和配送交给配送平台。这是一个发展中的问题，通过发展就能够顺利解决。

为消除经销商的第三种担忧，万超帮承诺绝对不碰商流、绝对不做经销商（代理商）。只做物流及数据平台。事实上，强势经销商把控下线网络的能力很强，平台商几乎不可能渗透和染指。

3. 统仓统配平台的商业模式

目前，万超帮向经销商收取的服务费较低。经营逻辑表明，万超帮的服务收费必须低于经销商未进入统仓统配平台前自办物流的费用。后者与前者差距越大，经销商进入平台的动机就越强烈。仓配平台建设之初，各方面投入较大；开始运营后，管理又很复杂，较低的收费能否支持，后续的融资能否跟上，还有一定的不确定性。不过，从长远看，这种平台模式具有聚集和规模效应，有内生的增强机制，只要超出入驻品类、品种数量以及交易流水的最低边界，就有可能走上快速发展的轨道。此外，平台上流淌和积淀的数据，将是这种模式宝贵的财富之一。

第六篇

营销团队建设

第二十三章

Chapter 23

如何打造有激情的营销团队

营销团队战斗力的衰退

无论什么企业，也无论什么样的营销模式，营销团队都是市场优势的主要动因，是企业竞争力最重要的构成要素。但令人遗憾的是，国内许多企业营销团队建设长期滞后于市场竞争和企业发展的需要；有些企业曾经有一支骁勇善战的营销队伍，但近年来营销团队的动能却在持续衰减；有些企业明知营销团队的战略意义，却迟迟没有营销团队建设的举措和动作。从笔者接触到的部分企业实际情况看，营销团队目前主要存在以下几个问题。

第一，营销团队的激情正在衰减，许多企业的营销队伍普遍出现疲劳综合征。由此导致营销人员的心态趋向老化，对变革的敏感度下降，营销创新动力不足，营销系统创新能力欠缺。

第二，营销团队的凝聚力不足，营销人员组织认同度低、归属感不强，核心营销人才频繁跳槽。有的企业营销人员的频繁流动呈现出非理性倾向。

第三，营销人员职业发展通道狭窄、事业封顶、发展空间受限。许多营销人员觉得发展前景迷茫，缺乏能力提升的动力与支持性平台。

第四，营销人员营销单打独斗的行为习惯，与团队营销的矛盾日益加剧。许多企业长期难以导入一线小组式运作模式，其效力在许多行业已经被证明，一方面是因为管理跟不上，另一方面是因为“小生产文化”根深蒂固。

第五，中高层营销职业化管理人才严重短缺，营销团队的领导力不足。总部专业职能部门人员素质与专业化水平低；管理层经验主义盛行，不懂得如何带队伍，随意性强，沉溺于兄弟情结，讲哥们义气，不尊重营销学价值规律以及制度、流程建设。

第六，营销团队内部关系复杂、板结，公司政治盛行，营销人员难以凭能力、凭业绩成长与发展，而是凭政治技巧（所谓的“会做人”和“情商”）生存。

第七，区域营销经理诸侯意识抬头，画地为牢，各自为政，区域市场之间难以实现协同。总部职能部门与一线脱节，难以实现一体化运作。

当然，由以上几点衍生出来的问题更多，结果则是营销团队的整体战斗力令人担忧。可以说，营销团队建设与管理已成为许多企业营销及战略转型的关键。

营销团队的激情文化

显然，对众多国内企业而言，急需打造一支能扎根市场、深入终端、超越对手、获取成果的新型营销团队。这支团队有远大的抱负、高涨的激情；有不畏艰难的英雄气概；有清晰的方向和对策略的整体、精准谋划；有强劲的执行力和行动力。

新型营销团队与足球队也是类似的。组建足球队是为了打比赛，球员的工作就是为了进球，目标在于更多、更好地进球。足球队尊重个人能力，但不主张个人主义；每个球员都有相对专业的分工，因为每个球员的特长不一样：前锋球员的主要任务是射门，后卫的主要任务是防守……但这种分工又是灵活的，例如守门员也可以直接射门到对方的球门里。足球队比赛时，谁踢得不好，或者不在状态，教练随时都可能将他换下来。

需要补充指出的是，新型营销团队不仅要有激情文化，同时还要吃苦耐劳，认真勤奋，坚韧不拔。

两种动力，两个关键

营销团队的战斗力，源于精神和物质两种动力。因此，打造有激情的营销团队的两个关键是：团队文化建设和目标责任机制。

营销团队的文化建设，可以从“知、信、行”三个方面入手。就“知”而言，需总结提炼营销团队共识性的核心价值观和行为准则，通过多种传播媒介和文化学习机制，使营销团队所有成员了解、理解、认知文化理念。就“信”而言，需通过体现核心价值观的制度体系建设，团队领导人的领导行为以及体现团队文化秩序和文化特色的组织氛围（文化环境），使营销团队成员时刻处于文化“场”中，不断将团队核心价值观和行为准则内化于自身的精神结构，不断增强文化信念，形成遵循文化、践行文化的内在愿望和态度。就“行”而言，需在“知”“信”的基础上，使营销团队成员内化的价值观转化为外显的行动，沉淀为不易变形、衰减和飘移的行为习惯；基本方式是微观层面标准化、精细化作业模式的推行和作业过程管理，以及从关键行为角度对营销团队成员的价值观考评。这里的关键行为是指最能代表个人价值观的、可观察和衡量的显性行为。例如，判断某个营销人员是否敬业，就看他深入市场、拜访客户、接触消费者的实际行为和工作表现。

营销团队各级领导人是核心价值观的承载者和体现者。他们是团队文化的传播者和引导者，也是团队文化的监督者。营销团队领导人有了符合市场科学发展规律的价值理念，团队才有灵魂和方向。因此，营销团队文化建设，需抓住团队领导人这一核心要素和主要环节。首先需构建多层次的营销团队领导人后备营（干部资源池）。这样，选拔干部时候选者众多、挑选余地较大，就可避免因后备干部匮乏而对少数核心价值观欠缺的领导人的依赖和迁就。其次，需大力选拔价值观型团队领导人，他们自身具有强烈的使命情怀和文化气场，往往能够带出一支文化特点鲜明、文化氛围浓郁、同声相应、同气相求的优秀团队。

营销团队是任务导向的责任团队。每个营销人员都肩负着培育市场、开发市场、积累顾客资源、深化顾客关系、服务管理合作伙伴、创造销售业绩的艰巨任务。为激发营销团队成员的主动性和积极性，引导他们进行自我开发，需构建公开、公正、直接、简明的目标责任机制。需以共识性的事实背景为基础、以双向沟通的方式确定合乎情理的绩效目标——营销小组/人员经过努力可以达成（有的企业经常设立一些营销人员无法企及的目标，使营销人员承受挫败感。这实际上是不符合人性的，也不会催生好的业绩。而好的目标管理机制应该使营销团队和成员不断从胜利走向胜利，不断迈上新台阶）。在考核关系上，应该做到扁平、直接：使基层营销人员的工作表现和业绩任务完成情况，为企业高层以及较大的组织范围所知晓。考评指标需尽可能数据化，以保证评价的客观性和公正性。激励方式需事先明确，每个营销小组/人员都能清楚地知道完成什么样的业绩可以得到多少报酬；所有的奖罚都需有章可循，不能仅凭领导印象；同时，分配形式应多元化，关注营销人员的职业发展、能力提升以及长期利益诉求。此外，从运行角度看，目标责任机制应是包括任务制定、分解执行、过程控制、结果考核在内的闭环。

怎样保持营销团队的激情

国内市场大部分行业竞争非常激烈。营销团队需通过高强度的艰辛工作，才能保住本品牌在市场上的一席之地或者取得一定程度的竞争优势。经年累月的奔波征战，激情下降情有可原但在理性层面，则会导致企业的市场冲击力衰退。要想长期保持营销团队的激情和内在张力，可以在以下几个方面进行努力。

第一，机会牵引。随着经营业绩的提升，可以适度增加区域性销售机构，使更多的人（尤其是年轻人）具有领导团队、自主运作市场的机会。

第二，授责分权。人不从事创造性的工作就会产生疲惫感。给予一线营销人员更大的权限，赋予其更大的责任，使其工作更为丰富，更具自主性，是解决团队疲劳的有效方法。

第三，目标可及。登上一个台阶后，继续举目远望，发现远处的风景更壮观、更妩媚，从而激发豪情壮志。企业领导人应适时提出可能实现的新业绩目标，从而引领团队从胜利走向新的胜利。

第四，持续开发。营销人员素质提高了，视野开阔了，境界提升了，一般会自然而然地给自己设立新的目标，增添新的动力。

第五，组织激活。适当保持团队成员的流动，淘汰一些不能适应竞争环境的团队成员，给予营销人员一定的压力，使外部市场竞争的压力有效地传递到营销团队的每一个人身上。这是持续保持团队张力的有效手段。当然要把握好流动的分寸：流动过小，死水一潭；流动过大，人心惶惶，都会影响战斗力。

第六，激励保证。营销人员的收入应随销售业绩的增长而增长；应设立分享机制，使营销人员能够分享业绩增长的利益。只有激励水平在行业内具有竞争力，才能吸引一流人才；才能使营销人员珍惜工作岗位，不断超越以往。

最后，需要特别指出的是：损害团队激情的最大因素是组织不公正。用人没标准，激励无原则，会使营销人员对企业失去信心，要么选择离开，要么以消极的方式应付工作。因此，务必提高警惕，防范各种组织不公正现象的出现。

第二十四章

Chapter 24

向一线营销团队赋能

赋能型组织形态和体制安排

营销团队建设，尤其是区域一线营销团队建设，与区域营销组织架构以及责权（体制/机制）安排密切相关。向一线营销团队赋能，应成为区域营销组织设计的基本原则和方向。

所谓向一线营销团队赋能，有以下几个方面的含义。

第一，赋予一线营销团队较大的自主运作权限，能够根据所在市场的实际情形和具体特点，相机决策，调动和整合资源，借鉴逆向精准打击模式，对市场变化做出前瞻、敏捷反应。这也就是人们耳熟能详的“让听得见炮火的人呼叫炮火”。

第二，对一线营销团队进行严格的训练，使他们成为素质精良、技能全面、意志顽强、纪律严明、战斗力超强的“特种兵”。无论将他们布署到哪个区域，都能克服困难、打开局面、创造业绩。

第三，企业提供坚实的支持平台。从信息系统、流程体系到各种工具技术、作业模板，从共享的经验、范式和知识，到结构化的训练教材、模拟手段等，使营销团队和人员在专业化体系的支持之下取得超乎个体能力的业绩。

第四，构建一线营销团队有效管控机制。移动互联网的广泛应用，为低费用、高效率、跨区域监督提供了条件；同时通过严密的过程管理，变游兵散勇状态的区域营销人员的自我管理为组织化管理。

第五，加强企业文化熏陶，增强一线营销团队的凝聚力；选拔任用价值观型的营销团队领导；使营销团队的文化统一性和自主空间呈动态的正向相关关系，文化统一性越强，自主决策权限越大。

图 24 －1 描绘了公司整个营销组织中，3 个层次的呼应和协同。

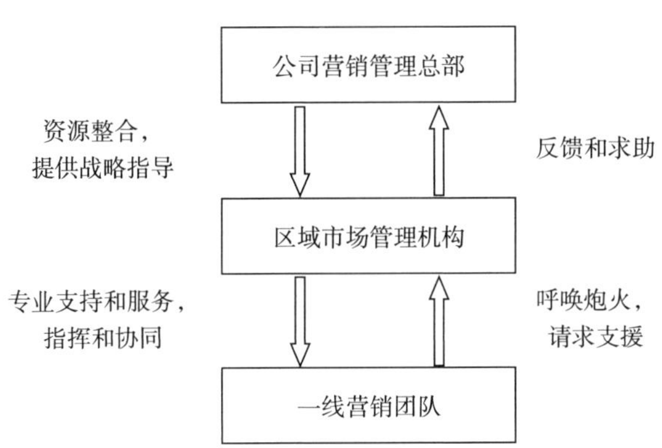

图 24 －1　3 个层次的呼应和协同

在赋能型营销组织形态下，一线营销团队开发市场、管理市场时，应尽可能从个体作业模式转向小组作业模式。只有这样才能形成基于专业化分工的团队效能。这已经被许多优秀企业的实践所证明。国内某著名通信设备公司区域市场上最小的营销组织单元，是由若干个不同角色组成的客户开发和服务小组。其内部角色包括：客户经理，主要负责获取机会信息，与客户沟通、洽谈业务，以及全程商务运作；产品（技术）经理，主要负责为客户设计专业方案，提供专业培训和咨询服务；交付（施工）经理，主要负责交付项目（工程/集成系统）建设、调试全过程的协调和服务。有一家著名的饲料企业，将区域（乡镇）营销团队分为市场攻坚团队和市场维护团队，前者承担新的区域市场的开拓；后者在前者成果（品牌家喻户晓、渠道网络已经铺就、销售流量已达预期）的基础上负责成熟市场的维护和管理。未来随着区域市场开发管理工作内涵的不断丰富以及复杂度的提高，营销特种兵小团队自主运作、较大范围内的小团队组合协同运作以及集中优势兵力的大团队统一运作，将会同时存在并成为常态。这对许多企业的营销团队管理提出了新的更高要求。

营销人员的选材标准

营销人员应由“特殊材料”锤炼而成。营销工作对人有特殊的素质要求。人们常说，做营销的人需跑遍“千山万水”、讲述“千言万语”、应对“千变万化”、历尽“千辛万苦”。不是“特殊材料”怎么应对！

我们所说的素质，是一个综合概念。包括知识基础、操作技能、思维方式、品格性格等在内，可以表现为实现目标、解决问题的能力。由于工作的特殊性，一线营销人员的素质要求选用标准，是三对“矛盾”的统一。

第一，灵活性和原则性的统一。在充满不确定的市场环境中，营销人员欲敏捷处理各种突发问题、平衡复杂的利益关系，周全化解各种冲突和矛盾，没有机动性和弹性就不可能应对各种复杂状况。但必须外圆内方，保持基本的工作准则和道德底线。否则，就会失去诚信、妨碍信任，就会“一碗水端不平”，使合作伙伴丧失信心。营销人员应做到灵活而不圆滑、投机，原则性强但不迂阔、呆板。

第二，战略力和执行力的统一。现在不少企业的领导人常常认为，营销团队的执行力不强是主要矛盾所在。但在笔者看来，我国市场环境非常复杂，营销人员的战略意识，分析问题、解决问题的方法和智慧在某种意义上比执行力更为重要。

第三，理性和感性的统一。这里所说理性，是指客观、系统、科学、合乎逻辑地思考分析问题的能力。营销人员如果理性不足，就会凭着感觉、任由性情随意操作，就可能在经验主义的泥淖中不能自拔。但如果光有理性缺乏感性，则既不利于和人打交道，也不利于在变量极多的非原则性问题决策中运用灵感思维，直抵事务的本质和最终答案。那么什么是感性？感性是审美力，是想象力，是情感力。而理性和感性的结合就是悟性。

营销人员能力的结构化开发

营销团队建设的一个重要内容，是营销人员的能力开发和人力资本增值。需要切实重视营销人员的训练和培养。不能叶公好龙，嘴上大喊以人为本，实际上不舍得投入时间和资源。尤其要避免市场开发、促销等业务工作一忙起来，就把培训放松、拖延了。

在具体操作上，我们导入“结构化”开发的概念。这是一种整体性、系统性和针对性都较强的体系化开发方式。实施营销人员能力的结构化开发主要应注意以下几个方面。

一是不同层级的营销人员有不同的培训内容。初级人员的培训内容以基础知识、基本理念和操作技能为主；中级人员以策略思维、管理技能为主；高层人员以领导力和宏观视野为主。不同层级的培训内容体系，呈现出从初级到高级的循序渐进的逻辑关系，相互联结，构成整体。

二是采用多种开发形式。针对不同层级的营销人员，采用自学、课堂讲授、实地调研、实习等多种训练方式，使他们真正掌握要领，深入领会。

三是安排好培训的周期。低、中、高每一个层级营销人员的训练，都需安排较长的周期，例如在一至两年内完成，集中脱产训练几次。有些企业的培训，大都穿插安排在全年为数不多的几次会议中，时间分散，内容零碎，效果肯定不理想。较长周期的培训，还可延长营销骨干的职业生涯，并使企业具有较强的培训吸引力。

四是将培训结果与任职资格结合起来。考核通不过者，不能升职晋级。这样就增强了培训的约束力和权威性。

一线营销人员的作业模式

一线营销人员直接管理、服务零售终端和顾客，其行为，即作业方式，直接影响个人及团队的业绩。因此，开发营销人员技能、增强营销团队战斗力的一项重要内容，是使营销人员掌握并践行规范化、标准化的营销作业模式。营销人员需先将基本动作做对、做好，在此基础上再因地制宜地变化创新。

营销作业模式同时也是深度分销整体模式的组成部分。这就意味着，深度分销不仅仅是营销战略和策略，也是一种适用于区域市场业务营销团队及成员的作业指南。换句话说，深度分销是将理念、策略、操作方法贯穿一体的。

营销作业模式是区域营销团队及成员开发市场、服务用户、管理渠道以及对销售过程进行管控的工作要求和操作规范。其中既有营销的内容，也有销售的内容。也就是说“营销作业模式”中的营销是广义的。它解决“做什么”和“怎么做”的问题。其指导思想主要表现在以下三个方面。

第一，知行合一，知先行重。先从策略层面想清楚怎么做，再落实到具体的行动上。从逻辑上说，知（策略）在前，行（动作）在后；但从结果看，行动更为重要，只有行动才会产生成果。这 8 个字化用了我国古代哲学家朱熹的名言“论先后，知为先；论轻重，行为重”。

第二，种瓜得瓜，种豆得豆。一分耕耘，一分收获；有了什么样的动作（前因），就会有什么样的结果。要像农民那样吃苦耐劳、精耕细作，努力提高效率。

第三，培植根本，改良生态。不急功近利，不浮躁虚夸。将工作的触角延伸至市场深部，贴近顾客，融入顾客。在通路网络建设维护、传播媒介开发管理、顾客体验和服务设计运作等方面，扎扎实实打基础、建体系。市场像一个生态，土壤厚实了，养分丰富了，自然会变得葱郁茂密、生机勃勃。

营销作业模式，具有以下特点。

第一，策略性。市场营销的策略蕴含、固化在营销作业模式中。体现“知中自有行，行中自有知”。

第二，标准性。它由一系列标准流程和动作组成。这些标准流程和动作是对业务团队及业务人员行为的基本要求。在此基础上可以进行创新变化。

第三，复制性。它可以多区域拷贝。通过作业模式，能够实现区域滚动式开发。

第四，竞争性。它以专业性优势超越竞争对手。作业模式既有整体视野，又有微观方法；且环环相扣，系统性强，竞争者不易模仿。

笔者给家电、手机、家居、快消品等领域的企业设计、编写了6个模块、16个标准动作的营销作业模式，供读者朋友参考（见图24－2）。

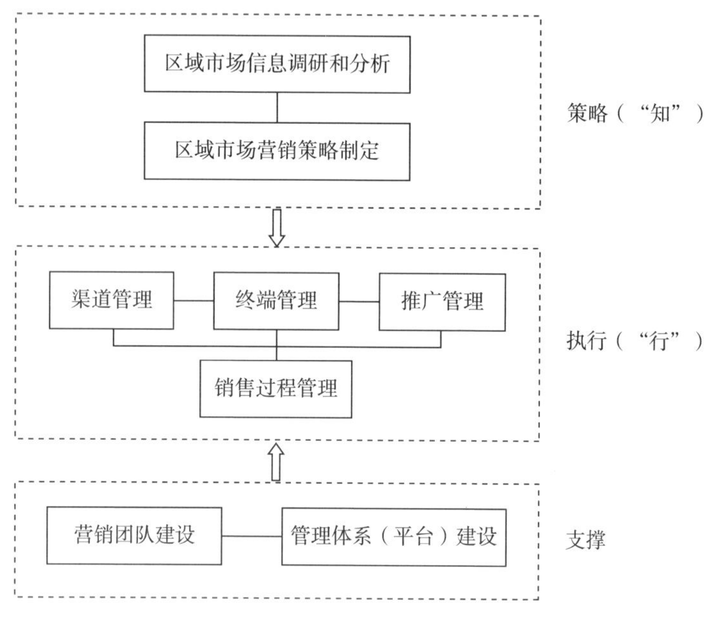

图24－2　营销作业模式

营销作业模式主要由前两个虚线框中的六个模块组成。下面虚线框中的“营销团队建设”和“管理体系（平台）建设”超出了营销作业模式的范围；但由于它与一线营销人员的“知”“行”关系密切，因此也在此列出。

图24－2中的6个模块所包含的标准动作如下。

第一模块	解读市场（区域市场信息调研和分析）
第一步	把握市场轮廓
第二步	理解零售信息
第二模块	策略运筹（区域市场营销策略制定）
第三步	整合营销目标
第四步	制定渠道规划
第五步	确定传播策略
第三模块	渠道管理
第六步	选择渠道伙伴
第七步	确定合作规则
第八步	深化客情关系
第四模块	终端管理
第九步	建设零售终端
第十步	整合产品通路
第十一步	提升导购能力
第五模块	主动营销（推广管理）
第十二步	激活市场销售
第十三步	运作社群网络
第六模块	销售过程管理
第十四步	控制关键变量
第十五步	进行管理循环
第十六步	分析销售数据

以上 16 个标准步骤的具体内容，在本书的相关章节中均有所涉及，愿有心的读者发现与探讨。

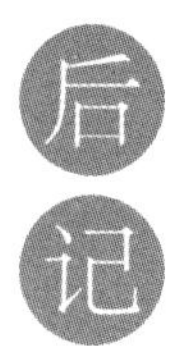

后记

本书是《连接：顾客价值时代的营销战略》（中国人民大学出版社，2018 年 1 月）的姊妹篇，主要研究渠道问题。两本书的内容是相互独立的，但合起来才是对市场营销的完整理解。

感谢陈春花教授、彭剑锋教授。书中营销团队建设部分是根据我们 3 人的一次对话改写的。

感谢《销售与市场》（渠道版）杂志。书中部分内容曾在杂志上以专栏形式刊登过。

感谢陈思廷先生。他提供了万超帮案例。

感谢王亚红、张锦志、周建荣为本书付出的劳动。

感谢硕士研究生导师孙光德教授。感谢博士研究生导师陈荣秋教授。

感谢父亲、母亲。感谢太太和儿子。这本书太太依然是第一个读者，帮我检查错漏。

施　炜

2018 年 6 月

续表

行业类：零售、白酒、食品/快消品、农业、医药、建材家居等			
	书名．作者	内容/特色	读者价值
零售·超市·餐饮·服装	**总部有多强大，门店就能走多远** IBMG 国际商业管理集团 著	如何把总部做强，成为门店的坚实后盾	了解总部建设的方法与经验
	超市卖场定价策略与品类管理 IBMG 国际商业管理集团 著	超市定价策略与品类管理实操案例和方法	拿来就能用的理论和工具
	连锁零售企业招聘与培训破解之道 IBMG 国际商业管理集团 著	围绕零售企业组织架构、培训体系建设等内容进行深刻探讨	破解人才发现和培养瓶颈的关键点
	中国首家未来超市：解密安徽乐城 IBMG 国际商业管理集团 著	介绍了乐城作为中国首家未来超市从无到有的传奇经历	了解新型零售超市的运作方式及管理特色
	三四线城市超市如何快速成长：解密甘雨亭 IBMG 国际商业管理集团 著	揭秘一家三四线连锁超市的经验策略	不但可以欣赏它的优点，而且可以学会它成功的方法
	涨价也能卖到翻 村松达夫 【日】	提升客单价的 15 种实用、有效的方法	日本企业在这方面非常值得学习和借鉴
	移动互联下的超市升级 联商网专栏频道 著	深度解析超市转型升级重点	帮助零售企业把握全局、看清方向
	手把手教你做专业督导：专卖店、连锁店 熊亚柱 著	从督导的职能、作用，在工作中需要的专业技能、方法，都提供了详细的解读和训练办法，同时附有大量的表单工具	无论是店铺需要统一培训，还是个人想成为优秀的督导，有这一本就够了
	百货零售全渠道营销策略 陈继展 著	没有照本宣科、说教式的絮叨，只有笔者对行业的认知与理解，庖丁解牛式的逐项解析、展开	通俗易懂，花极少的时间快速掌握该领域的知识及趋势
	零售：把客流变成购买力 丁 昀 著	如何通过不断升级产品和体验式服务来经营客流	如何进行体验营销，国外的好经营，这方面有启发
	餐饮企业经营策略第一书 吴 坚 著	分别从产品、顾客、市场、盈利模式等几个方面，对现阶段餐饮企业的发展提出策略和思路	第一本专业的、高端的餐饮企业经营指导书
	电影院的下一个黄金十年：开发·差异化·案例 李保煜 著	对目前电影院市场存大的问题及如何解决进行了探讨与解读	多角度了解电影院运营方式及代表性案例
	赚不赚钱靠店长：从懂管理到会经营 孙彩军 著	通过生动的案例来进行剖析，注重门店管理细节方面的能力提升	帮助终端门店店长在管理门店的过程中实现经营思路的拓展与突破
耐消品	**商用车经销商运营实战** 杜建君 王朝阳 章晓青 等著	从管理到经营，从销售到服务，系统化运作全指导	为经销商经营开阔思路，掌握方法
	汽车配件这样卖：汽车后市场销售秘诀 100 条 俞士耀 著	汽配销售业务员必读，手把手教授最实用的方法，轻松得来好业绩	快速上岗，专业实效，业绩无忧
	跟行业老手学经销商开发与管理：家电、耐消品、建材家居 黄润霖 著	全部来源于经销商管理的一线问题，作者用丰富的经验将每一个问题落实到最便捷快速的操作方法上去	书中每一个问题都是普通营销人亲口提出的，这些问题你也会遇到，作者进行的解答则精彩实用

续表

白酒	**酒水饮料快消品餐饮渠道营销手册** 朱伟杰　著	主要针对快消品(酒水、饮料)的餐饮渠道,提供了区域、商圈、不同业态的规划和促销安排等多种工具,并提出了经销商、批发商等相关人员的管理方法	一本酒水饮料如何在餐饮渠道销售的全能手册,内容深入翔实,可以直接照搬套用,这样的便利简直千金不换
	白酒到底如何卖 赵海永　著	以市场实战为主,多层次、全方位、多角度地阐释了白酒一线市场操作的最新模式和方法,接地气	实操性强,37 个方法、6 大案例帮你成功卖酒
	变局下的白酒企业重构 杨永华　著	帮助白酒企业从产业视角看清趋势,找准位置,实现弯道超车的书	行业内企业要减少 90%,自己在什么位置,怎么做,都清楚了
	1. 白酒营销的第一本书(升级版) **2. 白酒经销商的第一本书** 唐江华　著	华泽集团湖南开口笑公司品牌部长,擅长酒类新品推广、新市场拓展	扎根一线,实战
	区域型白酒企业营销必胜法则 朱志明　著	为区域型白酒企业提供 35 条必胜法则,在竞争中赢销的葵花宝典	丰富的一线经验和深厚积累,实操实用
	10 步成功运作白酒区域市场 朱志明　著	白酒区域操盘者必备,掌握区域市场运作的战略、战术、兵法	在区域市场的攻伐防守中运筹帷幄,立于不败之地
	酒业转型大时代:微酒精选 2014 - 2015 微酒　主编	本书分为五个部分:当年大事件、那些酒业营销工具、微酒独立策划、业内大调查和十大经典案例	了解行业新动态、新观点,学习营销方法
快消品·食品	**中国快消品营销的这些年** 史贤龙　著	作者精华文章的合集,一本书浓缩了过去十五年,中国营销的实战历程与前沿思考	快消品营销行业的案例和方法都原汁原味呈现,在反映当时风貌的同时,展望与反思
	营销中国茶:2 小时读懂茶叶营销 史贤龙　著	从不同视角对中国的茶营销进行了思考,内容涉及中国茶产业战略困境、茶企规模化、茶品牌崛起、茶文化、茶营销、茶消费、茶零售、茶道等	内容丰富扎实,文字流畅,浓缩的都是精华,让你 2 小时读懂茶叶营销
	这样打造快消品标杆市场 罗宏文　著	帮助你解决如何成功打造标杆市场和进行持续增量管理两大问题	一套系统的方法论,通俗易懂,可以直接套用
	5 小时读懂快消品营销:中国快消品案例观察 陈海超　著	多年营销经验的一线老手把案例掰开了、揉碎了,从中得出的各种手段和方法给读者以帮助和启发	营销那些事儿的个中秘辛,求人还不一定告诉你,这本书里就有
	快消品招商的第一本书:从入门到精通 刘　雷　著	深入浅出,不说废话,有工具方法,通俗易懂	让零基础的招商新人快速学习书中最实用的招商技能,成长为骨干人才
	乳业营销第一书 侯军伟　著	对区域乳品企业生存发展关键性问题的梳理	唯一的区域乳业营销书,区域乳品企业一定要看
	食用油营销第一书 余　盛　著	10 多年油脂企业工作经验,从行业到具体实操	食用油行业第一书,当之无愧
	中国茶叶营销第一书 柏　龑　著	如何跳出茶行业"大文化小产业"的困境,作者给出了自己的观察和思考	不是传统做茶的思路,而是现在商业做茶的思路
	调味品营销第一书 陈小龙　著	国内唯一一本调味品营销的书	唯一的调味品营销的书,调味品的从业者一定要看
	快消品营销人的第一本书:从入门到精通 刘　雷　伯建新　著	快消行业必读书,从入门到专业	深入细致,易学易懂
	变局下的快消品营销实战策略 杨永华　著	通胀了,成本增加,如何从被动应战变成主动的"系统战"	作者对快消品行业非常熟悉、非常实战

续表

快消品·食品	**快消品经销商如何快速做大** 杨永华　著	本书完全从实战的角度，评述现象，解析误区，揭示原理，传授方法	为转型期的经销商提供了解决思路，指出了发展方向
	一位销售经理的工作心得 蒋　军　著	一线营销管理人员想提升业绩却无从下手时，可以看看这本书	一线的真实感悟
	快消品营销：一位销售经理的工作心得2 蒋　军　著	快消品、食品饮料营销的经验之谈，重点图书	来源与实战的精华总结
	快消品营销与渠道管理 谭长春　著	将快消品标杆企业渠道管理的经验和方法分享出来	可口可乐、华润的一些具体的渠道管理经验，实战
	成为优秀的快消品区域经理（升级版） 伯建新　著	用"怎么办"分析区域经理的工作关键点，增加30%全新内容，更贴近环境变化	可以作为区域经理的"速成催化器"
	销售轨迹：一位快消品营销总监的拼搏之路 秦国伟　著	本书讲述了一个普通销售员打拼成为跨国企业营销总监的真实奋斗历程	激励人心，给广大销售员以力量和鼓舞
	快消老手都在这样做：区域经理操盘锦囊 方　刚　著	非常接地气，全是多年沉淀下来的干货，丰富的一线经验和实操方法不可多得	在市场摸爬滚打的"老油条"，那些独家绝招妙招一般你问都是问不来的
	动销四维：全程辅导与新品上市 高继中　著	从产品、渠道、促销和新品上市详细讲解提高动销的具体方法，总结作者18年的快消品行业经验，方法实操	内容全面系统，方法实操
农业	**新农资如何换道超车** 刘祖轲　等著	从农业产业化、互联网转型、行业营销与经营突破四个方面阐述如何让农资企业占领先机、提前布局	南方略专家告诉你如何应对资源浪费、生产效率低下、产能严重过剩、价格与价值严重扭曲等
	中国牧场管理实战：畜牧业、乳业必读 黄剑黎　著	本书不仅提供了来自一线的实际经验，还收入了丰富的工具文档与表单	填补空白的行业必读作品
	中小农业企业品牌战法 韩　旭　著	将中小农业企业品牌建设的方法，从理论讲到实践，具有指导性	全面把握品牌规划，传播推广，落地执行的具体措施
	农资营销实战全指导 张　博　著	农资如何向"深度营销"转型，从理论到实践进行系统剖析，经验资深	朴实、使用！不可多得的农资营销实战指导
	农产品营销第一书 胡浪球　著	从农业企业战略到市场开拓、营销、品牌、模式等	来源于实践中的思考，有启发
	变局下的农牧企业9大成长策略 彭志雄　著	食品安全、纵向延伸、横向联合、品牌建设……	唯一的农牧企业经营实操的书，农牧企业一定要看
医药	**在中国，医药营销这样做：时代方略精选文集** 段继东　主编	专注于医药营销咨询15年，将医药营销方法的精华文章合编，深入全面	可谓医药营销领域的顶尖著作，医药界读者的必读书
	医药新营销：制药企业、医药商业企业营销模式转型 史立臣　著	医药生产企业和商业企业在新环境下如何做营销？老方法还有没有用？如何寻找新方法？新方法怎么用？本书给你答案	内容非常现实接地气，踏实谈问题说方法
	医药企业转型升级战略 史立臣　著	药企转型升级有5大途径，并给出落地步骤及风险控制方法	实操性强，有作者个人经验总结及分析
	新医改下的医药营销与团队管理 史立臣　著	探讨新医改对医药行业的系列影响和医药团队管理	帮助理清思路，有一个框架
	医药营销与处方药学术推广 马宝琳　著	如何用医学策划把"平民产品"变成"明星产品"	有真货、讲真话的作者，堪称处方药营销的经典！
	医药行业大洗牌与药企创新 林延君　沈　斌　著	一方面，围绕着变革，多角度阐述药企的应对之道；另一方面，紧扣实践，介绍近百家医药企业创新实践案例	医改变革10年，医药企业如何应对大洗牌？重磅出击的药企人必读书
	新医改了，药店就要这样开 尚　锋　著	药店经营、管理、营销全攻略	有很强的实战性和可操作性

续表

医药	**电商来了,实体药店如何突围** 尚　锋　著	电商崛起,药店该如何突围?本书从促销、会员服务、专业性、客单价等多重角度给出了指导方向	实战攻略,拿来就能用
	OTC 医药代表药店销售 36 计 鄢圣安　著	以《三十六计》为线,写 OTC 医药代表向药店销售的一些技巧与策略	案例丰富,生动真实,实操性强
	OTC 医药代表药店开发与维护 鄢圣安　著	要做到一名专业的医药代表,需要做什么、准备什么、知识储备、操作技巧等	医药代表药店拜访的指导手册,手把手教你快速上手
	引爆药店成交率 1:店员导购实战 范月明　著	一本书解决药店导购所有难题	情景化、真实化、实战化
	引爆药店成交率 2:经营落地实战 范月明　著	最接地气的经营方法全指导	揭示了药店经营的几类关键问题
	引爆药店成交率:专业化销售解决方案 范月明　著	药品搭配分析与关联销售	为药店人专业化助力
	处方药零售这样做 田　军　著	阐述了处方药零售的重要性,以及做处方药零售市场的具体措施和方法	系统性了解和掌握处方药零售方法
建材家居	**成为最赚钱的家具建材经销商** 李治江　著	从销售模式、产品、门店等老板们最关注和最需要的方面解决问题、提供方法	只要你是建材、家具、家居用品的经销商老板,这就是一本必读的书
	家具行业操盘手 王献永　著	家具行业问题的终结者	解决了干家具还有没有前途?为什么同城多店的家具经销商很难做大做强等问题
	建材家居营销:除了促销还能做什么 孙嘉晖　著	一线老手的深度思考,告诉你在建材家居营销模式基本停滞的今天,除了促销,营销还能怎么做	给你的想法一场革命
	建材家居营销实务 程绍珊　杨鸿贵　主编	价值营销运用到建材家居,每一步都让客户增值	有自己的系统、实战
	家居建材门店 6 力爆破 贾同领　著	合盘道出一线品牌销量秘籍	6 力找找见血,既有招数,又有策略
	建材家居门店销量提升 贾同领　著	店面选址、广告投放、推广助销、空间布局、生动展示、店面运营等	门店销量提升是一个系统工程,非常系统、实战
	10 步成为最棒的建材家居门店店长 徐伟泽　著	实际方法易学易用,让员工能够迅速成长,成为独当一面的好店长	只要坚持这样干,一定能成为好店长
	手把手帮建材家居导购业绩倍增:成为顶尖的门店店员 熊亚柱　著	生动的表现形式,让普通人也能成为优秀的导购员,让门店业绩长红	读着有趣,用着简单,一本在手、业绩无忧
	建材家居经销商实战 42 章经 王庆云　著	告诉经销商:老板怎么当、团队怎么带、生意怎么做	忠言逆耳,看着不舒服就对了,实战总结,用一招半式就值了
工业品	**销售是门专业活:B2B 、工业品** 陆和平　著	销售流程就应该跟着客户的采购流程和关注点的变化向前推进,将一个完整的销售过程分成十个阶段,提供具体方法	销售不是请客吃饭拉关系,是个专业的活计! 方法在手,走遍天下不愁
	解决方案营销实战案例 刘祖轲　著	用 10 个真案例讲明白什么是工业品的解决方案式营销,实战、实用	有干货、真正操作过的才能写得出来
	变局下的工业品企业 7 大机遇 叶敦明　著	产业链条的整合机会、盈利模式的复制机会、营销红利的机会、工业服务商转型机会……	工业品企业还可以这样做,思维大突破
	工业品市场部实战全指导 杜　忠　著	工业品市场部经理工作内容全指导	系统、全面、有理论、有方法,帮助工业品市场部经理更快提升专业能力